KB176350

지하 100층에 사는 남자

지하 100층에 사는 남자

초판발행일 | 2018년 12월 10일

지 은 이 | 신문석
펴 낸 이 | 배수현
디 자 인 | 박수정
제 　　작 | 차진철
홍 　　보 | 배보배

펴 낸 곳 | 가나북스 www.gnbooks.co.kr
출 판 등 록 | 제393-2009-000012호
전 　　화 | 031) 408-8811(代)
팩 　　스 | 031) 501-8811

ISBN 979-11-86562-93-2(03190)

지은이 **신 문 석**

지하
100층에 사는
남자

과연 오늘 끝을 볼 수 있을까?

말아 쥔 손끝에 까슬한 종이의 감촉이 타고 올라왔다. 시선을 내려 종이를 쳐다봤다. '출석통지서'라는 다섯 글자와 내가 들어가야 할 법정 호실이 적혀있다.

천천히 눈을 감았다. 불과 몇 개월 전의 일이지만 마치 몇 년은 지난 것처럼 눈속에 깊숙이 박혀있다. 떠올리지 않아도 떠오르고, 잊고 싶어도 잊을 수가 없다.

'정말 오늘 끝을 볼 수 있을까?'

눈을 떠보니 TV에서나 보던 곳에 내가 서있다. 손을 들고 맹세하라는 판사의 말에 손에 땀이 났다. 뇌에 박혀있던 많은 생각들과 감정들이 서로 뒤엉켜져 혹시라도 해야 할 말을 다 못하거나 왜곡되진 않을까 걱정이 앞섰다. 그렇게 선서를 마치고 내가 앉아야 할 자리를 찾고자 돌아보니 '그'가 앉아있었다. 그의 얼굴을 보자 두 손에 떨렸다. 손톱이 손바닥을 파고들어갔다. 그가 나를 본다. 아무런 양심의 가책이 없는 그런 얼굴로 나를 본다.

"무죄를 선고합니다. 탕! 탕! 탕!"

판사의 외침에 정신이 아득해지며 깊은 나락으로 떨어졌다.

"아!"

꿈이었다. 식은땀에 온몸이 젖었다. 벌써 7년 전 일인데 그때의
악몽은 늘 메아리가 되어 주변에서 맴돌다 어김없이 나를 덮친다.
익숙해질 때도 됐다고 스스로를 타일러보지만 현실은 턱 밑까지 조
여 오는 처참한 지금이었다. 태풍이 지나간 자리에 남는 건 오직 쓰
레기뿐이듯 태풍이 지나간 내게 남은 건 상처뿐이었다. 내 영혼과
육체엔 영원히 버리지 못할 찌꺼기들로 가득 찼다. 시간도 해결해
줄 수 없고, 누구도 도울 수 없는 현실은 땅바닥에 엎드려 있는 날
한 계단 그리고 또 한 계단 아래로 짓눌러갔다.
　악마의 장난질에 단 한 번의 저항도 못한 채 숨을 죽이며 내려갔
다. 얼마를 내려갔을까. 누군가 넌 앞으로 절대 올라올 수 없을 거

라는 말을 남기고 문을 걸어 잠갔다. 내가 그림자인지 어둠이 그림
자인지 분간하기 어려운 그곳에서 내 숨소리조차 들리지 않는 그곳
에서 난 그렇게 주저앉아 버렸다.

지하 100층의 삶은 동전의 앞면과 뒷면처럼 오직 두 가지 중 하
나만 선택해야 했다. 희망과 절망 중에서 하나를 선택해야 했고 오
기와 포기 중에서 하나를 선택해야 했다. 그리고 그렇게 하나씩 선
택지를 고를 때마다 난 한 계단씩 올라가기도 내려가기도 했다. 그
계단을 오르내리는 동안 불행은 벗이었고 행복은 덫이었다.

그렇게 7년이 지나 비로소 조그만 틈 하나를 발견했다. 어둠을 삼
키는데 그만큼의 빛이 필요한 것은 아니었다. 빛이 드는 출구를 향
해 나는 다시 고개를 들었다. 그래도 인생은 살아볼만 하다는 한 줄
기 속삭임에 다시 일어서 걸었다. 어깨에 힘을 빼고 해석되지 않는
삶을 향해 갈 수 있는 만큼 걸어본다.

CONTENTS

CONTENTS

지하
100층에 사는
남자

PART 01

죽음보다 두려운 밤

꿈인지 현실인지 분간이 서질 않았다. 제발 꿈이길 바라며 눈을 떠보지만 어제와 똑같은 침대와 며칠째 널브러져 있는 소주병 그리고 코를 찌르는 방안의 악취가 현실을 증명하고 있었다. 차라리 죽어버리고 싶었다. 안구가 튀어나올 것처럼 심한 두통이 밀려왔다. 생지옥이 따로 없었다. 이런 일을 겪을 줄은 꿈에도 몰랐고 왜 하필이면 나냐며 땅을 치며 후회했지만 울분을 삼킬 수가 없었다. 얼마나 웅크리고 쓰러져있었을까. 어둑하게 기울어진 붉은 햇살이 따갑도록 뒷목을 훑고 지나감을 느꼈다. 어둑해진 방엔 정적만이 흘렀다.

가족들에게는 뭐라 말할 것이며 당장 회사 동료들을 어떻게 봐야할지 막막했다. 아내의 얼굴을 떠올랐다. 죽고 싶었다. 매스컴에서 자살과 사건을 접할 때마다 이해하지 못했다. 죽을 만큼 힘든 일이 있을까 싶었다. 그런데 겪어 보니 알겠다. 벼랑 끝에 몰린 심정이란 게 어떤 것인지. 인생이 와르르 무너진 기분. 벽에 걸린 무심한 초침이 면도날처럼 내 몸을 긋고 지나갔다. 재각거리는 소리에 심장은 터질 듯 뛰었다.

사건에 연루되고 나면서 수차례 경찰서에 조사를 받으러 다녔다. 나를 포함해 피해를 받은 사람들의 고소장이 십여 건도 넘게 접수됐다고 한다. 고소장을 작성하고 다니는 동안 직장 내에서 나에 대한 이야기가 돌기 시작했다. 투기꾼에 도박꾼도 모자라 사기꾼이라 소문이 그들 안에서 진실인양 돌아다녔다.

사람의 말을 믿고 돈을 빌려준 내가 어리석었다. 그 돈을 융통하기 위해 지인들에게까지 돈을 끌어 모아 빌려주었다. 사건이 터지자 순식간에 난 사기꾼이 되었다. 회의 참석도 불허되었고 조직에서 배척되어 갔다. 그렇게 순식간에 난 버려졌다.

채무를 변제하라는 전화가 올 때마다 핑계를 대기에 급급했다. 나도 사기를 당한 것이라 말할 용기가 없었다. 사정을 둘러대며 시간을 끄는 내 현실이 기가 찼다. 전화기를 들고 떨었던 밤은 죽음보다 두려웠다.

월급이 들어오면 입에 풀칠한 정도만 남기고 빚을 갚았다. 진짜 죄인은 두 다리 쭉 펴고 있을 텐데 난 그의 죄 안에 갇혀 끔찍한 형벌을 받고 있었다. 소원이 있다면 오늘 잠이 들면 내일 깨지 않기를 바라는 것이었다.

PART 02

징역 4년을 선고합니다

"피고 더 하실 말씀 없으십니까?"

"…."

"피고 ○○○에게 징역 4년을 선고합니다."

"탕! 탕! 탕!"

서울의 한 법원에서 피고와 증인으로 마주하던 날 나는 그의 죄값보다 그저 모든 것이 제자리로 돌아가기만을 간절히 바랐다. 하지만 난 불행하게도 끝이 보이지 않는 고통을 받아들여야 한다는 것을 직감했다. 앞으로 닥칠 악몽 같은 세월을 생각할 때 고작 몇 년의 형으로 이 상황을 덮어야 하는 현실을 난 받아들일 수가 없었다. 희망은 어디에도 없어보였다.

판사의 판결에 따라 형량이 주어졌고 그는 죄수복으로 죗값을 치르겠지만 나에게 그것은 아무런 의미가 없었다. 꽉 말아 쥔 손톱이 살을 뚫고 들어가 피가 흘렀다. 난 그렇게 무너졌다.

그를 만난 건 불과 반년 전 일이었다. 그는 평소 씀씀이가 검소하고 말수가 적은데다 늘 성실하게 일하는 동료였다. 직장 내에서 평판도 나쁘지 않았다. 사는 곳이 가까워 밖에서 마주할 일이 잦다보니 어느새 가까운 사이가 되었다.

내가 결혼하기 두 달 전쯤 그에게서 급하게 쓸 곳이 있다며 돈을 빌려달라는 부탁을 받았다. 당시에는 결혼 준비로 여유가 없어서 거절했지만 얼마 후 그는 다시 부탁을 해 왔다.

어머니가 살고 있는 고향집이 넘어가게 생겼다는 것이다. 설마 자기 부모를 이용해서 사기를 칠까라는 생각으로 빌려주었다. 귀신에 홀린 것처럼 불과 5개월도 안 되는 시간에 정확히 64회에 걸쳐 직장생활을 하며 착실히 모은 돈 전액을 그에게 송금했다. TV에서 간혹 사기를 당한 사람들이 어리석다 생각했었는데 내가 딱 그 짝이었다. 직장생활 시작 할 때부터 모아둔 저축에 대출을 받고, 가족과 지인들에게 거짓말 해가며 빌린 돈이었다.

"꼭 갚으셔야 합니다."
"그래. 걱정마라."

그는 늘 적절한 타이밍에 어머니가 보내셨다는 감사 문자와 문제가 해결되고 있다는 것을 증명하는 사진을 보여주었다. 그런데 그의 장단에 놀아난 사람은 나뿐이 아니었다. 나와 같은 피해자 수십 명이 그와 복잡하게 얽혀있었다.

믿고 싶은 것만 믿는 것이 사람이라고 했던가. 피해자라고는 생각지 못한 잠재적 피해자들이 의심과 확신사이에서 숨죽여 상황을 주시하고 있었다. 그 사이 감당할 수 없을 만큼의 자금이 흘러들어갔고, 한순간 뺨을 맞은 것처럼 정신이 들었다. 하지만 이미 너무 멀리 왔다는 생각이 들자 어떻게 해서든 그를 도와 원금이라도 회수하자는 생각이 들었다. 순진하게도 나를 지키기 위해 더 돈을 쏟아 부었었다. 그들이 날 보며 얼마나 비웃고 있었을까. 모든 상황이 사기란 것을 알게 되었을 때는 감당하기 힘든 분노에 사지가 떨려왔다. 투자도 아닌 그저 사람을 보고 빌려주는 일이었는데 정작 뚜껑을 열어보니 피해 사례와 피해자가 무더기로 쏟아져 나온 것이었다.

"이게 어떻게 된 겁니까?!"
"걱정마라. 다 해결된다."

나는 어떻게든 막아보려고 했다. 사정도 해보고 싸워보기도 해봤지만 그는 곧 해결된다는 말로 도망치듯 넘어가곤 했었다. 믿기 싫지만 믿을 수밖에 없었다. 그렇게 속이 썩어문드러지는 동안 나를 믿었던 가족과 친구들이 느낄 배신감을 떠올리며 하루도 불안해하지 않을 수 없었다. 나만 피해자가 아니다보니 사건은 결국 터지고 말았다. 사기죄가 성립된 그는 곧 연행되었고 많은 피해자들이 형사, 민사 소송으로 법적 대응을 해봤지만 그에게 갚을 능력이라고는 전혀 없었다. 가진 거라곤 아무것도 없었다. 지금까지 내게 했던 말들 모두 거짓말이었다. 헛구역질이 나왔다. 하늘은 노래지고 머리는 깨질 듯이 저려왔다. 눈물은 하염없이 흘러 내렸다. 후회해도 이미 늦었다. 더 이상의 희망은 없어보였다.

 징역 4년을 선고합니다

PART 03

데려갈 수 없는 딸

"자네, 우리 딸 언제 데려 갈 건가?"
"입주가 좀 지연된다고 해서 며칠 더 기다려야 할 것 같아요."
"거 빨리 좀 처리하게."

　상황을 알 길이 없는 처가에서는 이미 결혼식도 올리고 신혼여행
까지 다녀왔는데 딸자식이 신혼집엔 못 들어가고 친정집에 눌러 앉
아 있는 상황이 이해가 가지 않을 터였다. 몇 날 며칠을 집에 있다
보니 동네 사람들 보기도 창피하고 이상한 소문이라도 날까 싶어
서 데려가라는 말로 날 재촉하셨다. 이사 갈 집까지 날려버린 난
변명 같지도 않은 변명을 대가며 행복하기만 해야 할 아내 앞에서
죽지 못해 버티고 있었다. 도저히 사실대로 말할 용기가 나지 않았
다. 어떻게 하면 이 상황을 돌려놓을 수 있을까하는 생각뿐이었다.
장인장모에게 얼굴을 들 수가 없었다. 신혼집에 들어가기도 전에
당신의 딸이 빚을 지게 생겼으니 이 사실을 알고도 괜찮을 부모가
어디에 있단 말인가.

결국 전셋집 주인의 이사 날이 지연된다는 핑계로 아내와 난 월세 삼십만 원짜리 원룸에서 신혼살림을 차려야만 했다. 아무 말 못하는 내게 무슨 일이 있다는 것을 눈치 챈 아내는 무슨 일이냐며 내게 사실대로 말하라는 말을 건넸다. 아내에게까진 차마 감출 수가 없었다.

"사실은…."

모든 사실을 끝까지 들은 아내는 닭똥 같은 눈물을 흘리기 시작했다. 복잡한 심경에 어지럼증을 느꼈는지 안색이 안 좋아 보였다. 임신 중이니 힘들더라도 최대한 침착함을 유지하며 살자는 말만이 내가 아내에게 해줄 수 있는 유일한 말이었다. 예민한 아내에게 더 이상의 스트레스는 주지 말아야겠다는 생각으로 나 역시 최대한 내색은 안하면서 지냈다. 사람 마음이라는 것이 어디 뜻대로 되는 일이던가. 아내는 좁은 원룸에서 비통한 심정으로 안간힘을 쓰며 살았다. 그러던 어느 날 아내에게 전화가 걸려왔다.

"여보, 배가 이상해."

아직 출산예정일이 한 달 넘게 남은 시점이라 가벼운 진통쯤일 것이라 생각해 아내에게 좀 쉬고 있으라는 말만 전하고선 전화를 끊었다. 하지만 아내는 배가 이상하다며 홀로 병원을 찾았다. 그런데 예상치 못한 일이 생겼다. 아내가 말하던 배가 이상하다는 증상은 양수가 터져 양수가 줄줄 새고 있는 상황이었다. 아내도 무슨 영문인지 몰라 어리둥절한 채 병원을 찾은 건데 병원에서는 비상상황이라며 양수가 터졌으니 당장 출산 준비를 해야 한다는 것이었다.

　외근 중이던 난 아내의 전화를 받고선 한 걸음에 병원으로 달려갔다. 한 걸음이라고는 했지만 한 시간이 넘게 걸렸다. 집에서도 병원까지 한 시간 정도 걸리는데 양수 터진 배를 움켜쥐고 병원을 찾아갔을 아내 생각에 눈물이 멈추질 않았다. 이 상황을 양가 식구에게 알리고 아내와 난 수술을 대기하고 있었다. 의사선생님의 진단을 기다리는 동안 양가 부모님들이 병원에 도착하셨다. 아내는 자연분만을 못하고 수술을 해야 했다. 수술실에 들어가는 아내의 모습에 마음이 울컥거렸다.

PART 04

치료비는 합의금

　그렇게 아이는 예정일보다 한 달 일찍 나왔다. 같은 시간대에 태어난 다른 아이들은 가족들의 환호성을 받으며 탄생의 기쁨을 축하받고 있었지만 난 그럴 여력이 없었다. 아이를 받을 줄도 몰랐고 웃지도 울지도 못하고 멍하니 서있었다. 장모님께서는 아내의 얼굴을 보자마자 눈시울을 붉히셨다.

　"자네가 얼마나 마음고생 시켰으면 이렇게 됐나."

　장모님은 아내를 통해 모든 걸 알고 계셨다. 하지만 날 배려하는 마음에 아무 내색도 하지 않으셨는데 가장 축복받아야 하는 날에 원망이 섞이니 아린 마음을 감출 수가 없으셨을 것이었다. 난 아무 말도 할 수 없었다. 그렇게 아이는 많은 사람들 사이에 웃지도 못하는 아빠의 눈을 바라보며 세상을 맞이하게 됐다.

　축하한다는 말에 감사의 말을 전할 겨를도 없이 난 아내의 손발이 되어줘야 했다. 아내가 병원에 있어야 하는 동안 필요한 물건을 챙기러 집에 잠시 가는 길이었다. 안 좋은 일은 연속해서 일어난다고 했던가. 안 좋은 예감은 꼭 어김이 없다.

"쾅!"

순간 시선이 아득해지면서 윙하는 기계음이 귀에서 맴돌았다. 뒤따라오던 차량이 신호대기 중이던 나를 그대로 들이받아 사고가 난 것이다. 3중 추돌 사고였다. 무릎과 목에 심한 통증이 느껴졌다. 차에서 내리자마자 그 자리에 털썩 주저앉았다. 당시에 목을 심하게 다쳐 아직까지 그 여파가 있을 정도였으니 작은 사고는 아니었다. 나 역시 병원신세를 져야했지만 일을 손에 놓을 수도 없었고 아내도 돌봐야 했다. 어디 가서 아프다고 엄살 부릴 틈도 없었다. 아내에게도 사고 소식을 전하지 않고 혼자서 수습했다. 합의금으로 이백만 원을 받았다. 그러나 이 돈은 빚을 갚는데 고스란히 들어갔다.

출산 7일째 되던 날 아내는 산후조리를 위해 고향으로 내려갔다. 장모님 곁에서 보살핌 받을 수 있으니 차라리 다행이었다. 아내는 한 달이나 두 달 정도 있을 거라고 했다. 내가 출근해서 퇴근할 때까지 혼자 좁은 방에 갇혀 있는 것이 늘 안타까웠는데 그나마 감사한 일이었다. 아내가 내려가 있는 동안 사람들을 만나 시간이라도 벌어볼 생각이었지만 쉽게 용기가 나질 않았다. 전화기를 들었다 놓기를 수십 번.

안 좋은 예감은 이번에도 빗나가지 않았다. 당장 자기 집으로 오라는 선배의 말에 머리끝이 쭈뼛 서고 다리가 후들거렸다. 집에서 마주한 선배의 얼굴엔 서슬 퍼런 눈빛만이 감돌았다. 소식을 들은 선배는 주먹이라도 날릴 기세로 날 노려봤다. 나는 사건의 경위부터 현재 상황들을 최대한 차분하게 말했다. 경찰서에서 조사를 받으며 뱉어냈던 말들. 이리 저리 사건을 막기 위해 수십 번 반복했던 말들이 이제는 멀미가 날 지경이었지만 살기 위해선 뭐든 감수해야만 했다. 선배는 미동도 없이 내 얘기만 듣고 있었다. 말하는 동안 목소리가 떨리는 것이 느껴졌다. 내가 할 수 있는 말은 다 끝냈다. 그는 그 자리에서 계산기를 두드리면서 내게 말했다.

"빚이 얼마라고? 내 돈 갚을 능력은 전혀 없겠네? 한심한 새끼."
"죄송합니다. 조금만 시간을 주십시오."
"야."
"네."

정적이 흘렀다. 난 고개를 숙인 채 땅만 바라보고 있었다. 길어진 긴장감에 고개가 뻐근했다. 고개를 들어 선배의 입을 바라보는 순간 입을 뗐다.

"야, 터미널 화장실 가보니깐 장기 팔라는 스티커 많이 붙어있더라. 장기라도 팔아서 갚아라."

심장이 터질 것 같았다. 이날 비참하다는 말을 온몸으로 알 수 있었다. 모든 인간관계를 끊고 산에라도 숨고 싶었다. 그래도 다 내 잘못이다. 이보다 더 큰 어려움도 이겨내고 사는 사람이 어디 한 둘일까. 미안함에 머리 숙여 사죄 후 발길을 돌렸다. 평범하게 사는 게 이렇게 힘든 일인가 싶었다. 지금까지 남에게 아쉬운 소리 해본 적 없이 살아왔던 내가 이게 무슨 꼴인가. 하늘을 원망하고 땅이 꺼지도록 한숨을 내쉬어도 내가 어쩌다가 이렇게 살게 됐나 하는 생각이 머릿속에 지워지지가 않았다. 모든 것을 처음으로 돌리고 싶다는 생각만 간절했다.

지하 100층 인생

흐르는 눈물을 닦을 생각은 못하고 애꿎은 와이퍼만 움직이고 있었다. 눈물을 훔치고서 창밖을 바라보니 선배가 사는 아파트 지하 2층이었다. 지하 2층 정도면 좋으련만 이미 난 지하 100층으로 꺼져 내려가 버린 느낌이었다. 캄캄하고 차갑고 아무것도 보이지 않는 곳. 지하 100층의 실제 느낌도 아마 이렇지 않을까 하는 생각이 들었다. 이곳에서 언제쯤 올라갈 수 있을까? 과연 올라갈 수는 있을까?

안 되는 줄 알았지만 몇 번씩이나 은행을 찾아갔고, 기대는 안했지만 전화기를 붙들며 살았다. 하지만 그럴수록 이 상황을 해결하기에 앞으로 가야할 길이 너무 멀다는 것만 확인시켜주는 꼴이 됐다. 예전에 돈을 빌려주지 않던 친구들을 보며 야속하고 매정하다고 생각했었는데 이제와 생각해보니 그 친구들에게 엎드려 절이라도 했어야 함을 느꼈다. 적어도 죄인처럼 연락하지 않아도 되니 얼마나 감사한 일인가라고 생각했다.

나의 능력의 미천함을 거듭 확인할수록 누군가에게라도 의지할 곳이 생겼으면 하는 바람이 생겼다. 마음이 많이 약해졌었다. 아무런 희망도 없는 상황에서 반성과 미안함, 죄책감으로 살아갔지만 시간이 거듭될수록 그 감정들은 세상에 대한 반감과 증오로 변하기 시작했다. 현실을 부정하고 삶을 부정하며 원망 속에 살았다. 실낱같던 희망이 좌절이 되었다. 아무것도 할 수 없는 현실에 분노했다. 그러다 막다른 골목에서 마주하게 된 감정은 수면 아래로 내려앉은 체념이었다. 희망 따윈 더 이상 내 삶 어디에서도 찾을 수 없을 것만 같았다. 숨을 쉬고, 쉬지 않는 것. 난 그 두 가지의 갈림길에서 하루하루를 간신히 버텨내고 있었다.

　그 해 겨울은 유난히 길고 추웠다. 날이 추워서 그런지 화재사고도 연일 일어났다. 뉴스에서도 하루가 멀다 하고 사고 소식을 전했다.

　"화재로 인한 공장 건물 두 동이 불에 타 1억 4천만 원 상당의 재산 피해가 일어났습니다."

　지방에서 큰 불이 났나보다. 이제 저 공장 주인도 고통스러운 삶을 살게 되겠구나. 딱하다는 생각이 절로 들었다. 내 인생에 이런 대형사고가 벌어지기 전까지는 사건사고가 그저 남 얘기로 들렸다. 뉴스를 보는 순간 이 세상에 힘든 사람은 나만이 아니라는 생각을 하게 되었다. 그리고 진심으로 그가 무사하길 바랐다. 그들에게도 내 얘기는 지나가는 뉴스 한 자락에 불과할 것이다. 내가 타인의 삶을 가볍게 볼 수 있듯, 타인에게 내 이야기도 극복하지 못할 재앙의 수준은 아닐 수 있다. 다들 이렇게 산다. 망하는 사람이 있고, 사기를 당하는 사람도 있고, 불의의 사고로 목숨을 잃거나 몸이 상하는 사람이 있다. 그들이 가진 불행은 세계의 일부이고, 나는 그들의 일부다. 나의 불행은 혼자만의 불행이 아니기에 어쩌면 이겨낼 수 있을지 모른다는 생각이 강하게 들었다.

쉽진 않겠지만 죽는 것보단 사는 게 낫다는 생각을 하며 거울에 비친 초췌한 나에게 말을 걸었다.

'지하 100층 한 번 올라가보자!'

지하 100층으로 떨어진 내 인생, 끝난 것 같은 내 인생, 그리고 무너진 나의 꿈. 이 모든 것들을 정상궤도로 올리기엔 희망보다 절망이 더 많을 것이 예상됐지만 수많은 계기들이 나에게 기회를 줄 것이라 믿으며 지하탈출을 도전해보기 위한 꿈틀거림을 시작하자는 불씨를 지펴보려 했다. 뒷걸음질이 내겐 더 어울려보였을지라도 이대로 멈추면 죽는다는 걸 절감했기에 어떻게든 올라가 보자고 결심했다.

PART 06

서른아홉에 한 번 더 당해!

"잠깐 따라와 봐."

"어딜?"

"가보면 안다. 그냥 따라와라."

그는 함께 가볼 곳이 있다며 나를 차에 구기듯이 태웠다. 바람이
라도 쐬러 가자는 걸까 싶어 괜한 짓 한다는 생각에 내키지는 않았
지만 따라나섰다. 어딜 가자는 건지 말이나 해주면 좋겠는데 퉁명
하기까지 한 동료의 말을 딱히 거절할 수도 없었다. 얼마 만에 보는
하늘인가. 기분이 울적한 요즘 내 기분 따위는 아랑곳 하지 않는 하
늘을 청명했다. 하지만 이 눈부신 풍경도 내 처지에 비춰보니 해석
이 달라졌다. 작은 바람에도 나부끼는 나뭇잎은 꼭 중심 없이 흔들
리는 나를 보는 것 같았고, 구름 한 점 없는 하늘은 시리다 못해 꼭
구멍 뚫린 내 가슴팍과 같았다. 어디를 가는지 목적지에 대한 궁금
함은 사라지고 없었다. 얼마를 달렸을까. 한적한 곳에 차를 세운 그
는 내게 내리라는 말도 없이 먼저 내리더니 성큼 성큼 어디론가 걸

어가고 있었다.

'占'

'점? 나더러 점을 보라고?'

이제 종교나 미신 따윈 쳐다보기도 싫은 나를 여기에 데려오다니
기가 찼다. 동료는 누군가를 앞에 두고 합장을 하더니 내게 오라며
손짓을 했다. 마음은 당장이라도 차를 몰로 돌아가고 싶었지만 이
상하게도 뭔가 실마리를 찾을 수 있지는 않을까 하는 기대감에 뒤
를 따라 들어가게 만들었다. 도리어 '뭘 물어보지?'라며 머릿속을
정리하는 나를 발견하기까지 했다. 한술 더 떠서 괜한 기대심리에
혹시나 내가 원하는 대답을 들을 수 있진 않을까라는 생각이 걸음
을 독촉하기까지 했다. 동료는 밖에서 기다리겠다는 눈치를 보낸
다. 문지방을 넘는 순간까지 복잡하게 굴러가던 머릿속이 한 가지
물음으로 정리됐다. 우스운 꼴이지만 그만큼 절실했다.

"안녕하세요?"
"그래, 어서 와요."

내 얼굴을 스윽 한 번 바라본 그 분은 내 사주를 받아 적어 내려
갔다. 그러더니 나를 겨냥한 건지 아니면 습관인건지 쯧쯧 거리기
를 몇 차례 하시다 내게 뭐가 궁금하냐며 말을 건네신다. 그 말에 난
마치 해결사라도 만난 듯 공손히 말을 전한다.

"제가 누구에게 돈을 빌려줬다가 돌려받질 못했습니다. 빌려준 돈 받을 수 있을까요?"

"음⋯."

생각하는 시간은 길지 않았다.

"못 받아."

"아."

이렇게 아무렇지 않게 대답할 줄이야. 돌아온 대답이 심장을 후 벼 파는 것 같았다. 잠시나마 기대하고 있던 내가 부끄러워졌다. 하 지만 그럴수록 간절함은 더해졌다.

"그래도 언젠간 받을 수 있지 않을까요?"

"아니, 이미 없어."

더 이상 말을 이을 수 없던 나에게 더 이상 내려갈 곳이라곤 없던 나에게 이어서 말씀하셨다.

"조심해, 서른아홉에 한 번 더 당해."

"네?"

조심하라는 의미로 말씀하셨겠지만 마치 저주처럼 들렸다. 혹 떼러 갔다가 혹 붙이고 온 심정이었다. 가끔 집에 계신 어머니도 점을 보시곤 하는데 언젠가 내게 점을 볼 경우에 복비는 꼭 드려야 한다는 말씀이 떠올랐다. 뒷주머니에 한 참을 묵혀둔 꼬깃거리는 삼만 원이 잡혔다. 삼만 원 중에 이만 원을 꼬집어 꺼내 감사하다는 말과 함께 건네 드렸다. 내 행동 하나하나 온갖 것이 다 처량해 보였다.

썩 좋은 낯빛으로 나오지 않는 내 모습을 본 동료의 표정도 이내 굳어졌다. 기분이라도 풀어주고 싶어 데려온 마음을 내가 왜 모를까. 상황이 이렇게 되고 보니 괜찮다고 웃어넘기는 것 외에 달리 도리가 없었다. 어차피 좋은 점괘가 나온다고 해서 인생에 달라질 것도 없어보였으니 말이다. 희망고문은 더 힘들뿐이다.

'진짜 운명이란 게 있을까?'

오지도 않은 시간을 앞당겨 걱정하게 만든 점쟁이에게 화가 치밀었다. 미신 따윈 믿지 말자며 쓰린 속을 달래는 나 자신이 한없이 못나보였다.

PART 07

불편한 전화

"무슨 일 있어? 회사에 자꾸 너 찾는 전화 오던데?"

께름칙한 기분이 썩 좋지 않았다. 나를 찾는다는 이유 하나로 회사에 전화할 일은 흔치 않았고 더군다나 좋은 일로 그러할 리도 만무했다. 당혹스러움과 긴장감에 얼굴이 화끈거렸지만 별거 아닌 듯이 그리고 무슨 영문인지 모른다는 듯이 말했다.

"그래?, 내가 전화기를 놓고 와서 그랬나보다. 근데 무슨 전화야?"
"모르지, 너 이 회사 다니는 거 맞는지 확인하면서 계속 찾던데?"
"그, 그래….."

적막을 깨는 전화벨이 울린 건 그때였다. 사무실 직원 한 명은 이제는 지겹다는 듯이 눈치를 주고는 전화를 받는다.

"네, K기업입니다,"

그러고선 곧 나를 쳐다본다. 흔들리는 내 눈빛을 읽어서였을까. 그는 아직 부재중이라는 말로 대화를 종결시켰다.

"아직 안 들어 오셨어요. 오시면 메모 남겨 드릴게요."

미안한 마음에 어색한 눈인사를 건넨 뒤 자리를 피했다.

사무실 서랍에 무음으로 설정된 전화기엔 부재중 전화가 30통이 넘었고 문자는 20개가 넘게 와 있었다. 현실을 회피하고 싶은 마음에 한동안 전화기를 서랍 안에 놓고 다녔었다. 그렇게라도 해야 숨을 쉴 수 있을 것 같았다. 굳이 알아보려 하지 않아도 전화를 걸어 올 사람, 문자를 보낼 사람은 뻔했다.

시간은 몇 달 전으로 거슬러 올라간다. 어떻게 하면 이 상상하기도 싫은 일을 원점으로 되돌릴 수 있을까, 어떻게 하면 이 지옥 같은 일을 수습할 수 있을까에 골머리를 썩고 있을 때였다. 발만 동동 구르고 있던 나에게 그는 악마의 거래를 제안했다.

"이제 다 끝났으니 조금만 더 땡겨 봐."
"뭐라고요? 더 이상은 안돼요!"

십 원짜리 하나도 더 이상 나올 곳 없는 나에게 그는 뻔뻔할 정도로 당당하게 말하곤 했다. 그의 입에서 대부업체까지 거론되었다.

"이자는 내가 내줄게. 여기서 좀 받아봐. 다 끝났다."

사냥감을 바라보는 맹수 같았다. 의심은 둘째문제였다. 이미 판
단력을 상실한 나로서는 이 일을 돌려야만 하는 것이 죽지 못해 사
는 것보다 급한 문제였다.

몇 달 후에 갚을 수 있다는 말과 이자는 내지 않아도 된다는 말에
겁도 없이 세 군데에서 이천 오백만원의 대출을 받았다. 이로써 마
지막 하나 남았던 신용이라는 동아줄마저 내 손으로 놔버린 꼴이
됐다. 이미 돌아올 수 없는 강을 건너 지하 깊숙한 곳에서 똬리를 틀
고 살고 있는 나에게 세상은 아직 더 깊은 지하가 있다는 것을 알려
주었다. 그리고 눈 한 번 깜빡이지 않고 나를 감싸 안은 채 더 깊숙
한 곳으로 몸을 던졌다.

매월 12일. 원금은 제외하고 이자만 꼬박 100만원이었다. 이자
는 그의 몫이려니 했던 생각은 큰 착각이었다. 그가 구속된 후 그 몫
은 오롯이 나의 차지가 됐다. 이미 바닥이 난 삶 속에서 게다가 월
급쟁이가 감당할 수 있는 수준이 아니었다.

괴로움을 피할 수만 있다면 차라리 내가 사기꾼이 됐으면 좋겠다
는 생각이 들었다. 모든 걸 버리고 숨을 수만 있다면 그렇게라도 하
고 싶었다. 하지만 내게 용기란 없었다. 의지는 더더욱 없었다. 오
직 체념만이 내게 허락된 단어였다.

다 그 놈 때문이었다고, 다 그 자식 때문이었다고 아무리 쏘아도
그 화살은 모두 나를 겨냥하고 있을 뿐이었다.

또 다시 전화벨이 울린다. 수화기 너머로 들리는 남자의 음성엔 짜증과 협박과 무례함이 뒤섞여있었다.

"알았다고! 낸다고!"

난 더 이상 참지 못했다. 하지만 수화기 속 남자는 이런 일이 한두 번이 아닌 듯 오히려 침착하게 대응하고 있었다.

"그러니까 갚을 능력 없으시면 빌리질 말았어야죠. 다음에 전화 안 받으시면 적어주신 지인들 전화번호로 연락 돌립니다. 제때 납부하세요."

돈을 빌릴 때의 친절함은 모욕감으로 그 정체를 드러내고 있었다. 아무리 사정 해봐야 듣지 않겠다는 사람에겐 들리지 않았다. 단지 12일이라는 날짜에 대한 계약 불이행시 내가 치러야 할 것들이 무엇인지 요목조목 외우듯이 뱉어내고 있을 뿐이다. 아쉬울 게 전혀 없는 사람들에게 난 수많은 빚쟁이, 무능력한 것 따위로 보였을 것이다.

큰소리치며 끊었지만 딱히 방도는 없었다. 끊긴 전화기에서 끊어진 삶의 단면이 보인다. 그 단면엔 붉은색 피가 흐르고 있었고. 그 단면엔 사람들의 단절된 마음이 보인다. 숨통은 끊어질 듯 서서히 조여 왔다. 모든 것이 위험했다.

PART 08

그놈 편지

책상 서랍을 정리하던 중 편지 하나를 발견했다. 서랍 깊숙한 곳에서 세월의 흔적이 묻은 낡은 봉투였다. 투박한 글씨체와 눈살을 찌푸리게 만드는 이름 석 자가 머릿속 깊숙한 곳에 묻혀있던 기억을 더듬게 했다. 수년전 수감 중이던 그에게서 온 편지였다.

묻어 두었던 기억들을 애써 꺼내고 싶진 않았지만 어느새 눈은 어지러이 써진 글씨들을 따라 갔다.

"두고 봐라. 비록 세상이 날 등지고 있지만 곧 진실은 밝혀질 것이다. 얼마나 고생이 많으냐. 참고 또 참으면서 끝까지 날 믿어라."

끝까지 그는 당당했다. 부질없다는 것을 알면서도 그 당당함이 제발 진실이기를 바랬다. 마음 한구석으로 밀려오는 시림이 가슴을 조였다. 혹시라도 다시 만나게 된다면 묻고 싶다.

'당신은 뭐가 그렇게 당당했나요? 뭘 믿고 이렇게 당당할 수 있었

습니까?'

사실 그의 당당함이 그저 허울이었다는 것이 밝혀지기까지는 오래 걸리지 않았다. 사건 담당 형사와의 통화에서 사건의 내막을 알았기 때문이다. 형사는 피해 금액들의 사용 출처와 내역을 조사하는 과정에서 이 사건이 사이비 종교단체와 연관되어 있음을 알아냈다고 했다. 게다가 그가 친척 이모라고 소개해줬던 여자도 교주에게 조종당하며 돈을 갖다 바치는 꼭두각시에 불과했고 그 역시도 마찬가지라고 했다. 피해 금액은 교단 비용으로 이미 써버린 후라 돌려받을 방법이 딱히 없다고 했다. 사실상 사건의 결론을 통보받은 셈이 됐다. 허탈한 웃음이 허공을 갈랐다. 기가 차고 씁쓸한 심정을 감출길이 없었다. 한없이 꺼져가는 내 마음 속에서 허기마저 느꼈다.

세월이 흘렀으니 이제 그들은 출소 했겠지만 여전히 남을 속여 가며 호의호식하고 있을지도 모른다. 그들이 사는 방식이 그랬다. 나는 그저 들러리 일뿐이었다.

사는 게 힘에 부쳐 모든 걸 세상 탓으로 돌리고 싶은 게 인생이고, 내 작은 삶 하나 제대로 이끌지 못하고 있다는 생각이 들 때면 한 없이 초라해지고 약해지는 것도 인생인가 보다. 순간순간의 선택과 계기로 인해 얻거나 잃는 것이 극명한 삶 속에서 어떻게 살아야 할지도 캄캄해지는 순간이 있다. 정말 제대로 살고 싶은데…. 이젠 그 제대로 산다는 의미가 무엇인지도 모르겠다. 그저 마음만이라도 편하고 싶을 뿐이다.

  어항의 물을 갈아주다 실수로 금붕어 한 마리를 떨어뜨렸다. 숨
쉬기가 곤란한지 주둥이를 연신 뻐끔거렸다. 잠깐만 기다리라는 말
을 건네고선 조심스레 바가지에 담아 놨다. 신이 났는지 이리저리
헤엄치기 바쁘다. 숨쉬기 힘든 금붕어에겐 넓은 강물이 필요한 게
아니었다. 숨 쉴 수 있는 물 한 컵이면 족했다. 죽기 싫어 연신 뻐끔
거리며 물을 찾았기에 이 작은 생물에게도 숨 쉴 곳이 주어졌을지
도 모른다. 지나면 잊힐 수 있을까, 잠이 들면 잊을 수 있을까. 나에
게도 이 금붕어처럼 뻐끔거리며 살아갈 용기가 필요하지 않을까.
잘못된 선택으로 짊어진 짐의 무거움을 인정하자. 그리고 이미 일
어난 일은 되돌릴 수 없다는 것도 인정하자. 그게 내가 제대로 살기
위한 첫 번째 몸부림일 테니.

PART 09

두 개의 시선

가쁜 숨을 몰아쉬면서 일그러진 표정으로 달려오고 있다. 서로에게 밀리지 않으려 전력을 다해 달리는 게 보인다. 이제 내 차례다. 상대팀 주자들을 견제하면서 바통을 받기 위해 몸을 풀기 시작했다. 이어달리기는 아무리 달리기가 빨라도 바통을 제대로 받지 못하면 물거품이었다. 바통을 받기 전이 가장 긴장되는 순간이다.

"흡!"

다행히 바통은 제대로 이어 받았다. 순간 속력을 높이기 위해 숨도 참아본다. 나의 레이스가 시작됐다. 주변이 고요하다. 호흡에만 집중하다보면 그 하늘을 찌르던 응원소리도 들리지 않는다. 오로지 바람소리와 페이스를 유지하려는 나의 숨소리만 규칙적으로 들려왔다. 발끝에 온 신경을 집중하면서 앞 사람을 따라잡으려 전력질주 했다. 조금만 더 하면 닿을 것 같았지만 내가 젖 먹던 힘을 다하듯 상대팀 선수도 마찬가지다 보니 거리는 쉽게 줄지 않았다. 그때였다.

"아악!"

안쪽 자리를 경쟁하던 상대팀 선수 중 한명이 트랙에서 넘어지고
말았다.

'괜찮을까?'

결승선을 통과하고 나서 쩔뚝거리는 친구에게 달려갔다.

"야, 괜찮아?"

다치지 않아서 다행이라는 생각이 들면서도 내가 안 다쳐서 다행
이라는 생각을 했다. 당시 나의 친절은 형식적이고 상투적이었다.

세월이 흘러 이번엔 내가 넘어졌다. 고개를 들어보려고 하니 두
개의 시선이 느껴졌다. 위로의 시선과 사건의 당사자가 지신이 아
님을 안도하는 시선이었다. 말하지 않아도 시선은 오롯이 전해지는
법이다.

외로웠다. 홀로 싸우고 있다고 느꼈던 그때는 늘 구석에서 눈물
을 훔치는 일이 많았다. 그때 마음에 전해지는 따뜻한 시선이 있었
다. 아내였다. 힘내라는 진심이 어두운 마음 깊숙한 곳까지 투영되

는 시선. 그녀의 인내와 차분함은 우아하기까지 했다. 어느 날, 아내로부터 건네받은 엽서 한 장은 백 마디 말보다 더 큰 힘이 되었다. 아내는 한 편의 시와 함께 우리가 함께 있으니 포기하지 말자라는 말로 날 위로해줬다.

포기하지 말아요   - 클린턴 하웰

때때로 그렇듯 일이 잘못될 때,
앞에 언덕길만 계속되는 것 같을 때,
주머니 사정이 나쁘고 빚이 불어날 때,
웃고 싶지만 한숨만 나올 때,
근심이 마음을 짓누를 때,
쉬어야겠다면 쉬세요. 하지만 포기하지는 말아요.

때때로 그렇듯 인생이 풍파로 얼룩질 때,
실패에 실패만 이어질 때,
잘하면 될 수도 있었을 텐데 그러지 못했을 때,
걸음을 늦추더라도 포기하지는 말아요.
한 번만 더 해보면 성공할지 모르니까요.

힘들어 머뭇거려진다면 기억하세요.

목표가 보기보다 가까이 있는 때도 많다는 것을.

승자가 될 수 있었는데 노력하다 포기하는 경우도 많지요.

금관이 바로 저기 있었다는 것을

너무 늦게 깨달았죠.

이미 슬그머니 밤이 온 후에야.

성공은 실패를 뒤집어 놓은 것.

당신은 성공에 가까이 다가왔지요.

멀리 있는 듯 보이지만 성공은 가까이 있을지 몰라요.

그러니 너무 힘들 때도 끈질기게 싸워요.

최악으로 보이는 상황이야 말로

포기하면 안 되는 때니까요.

"실패는 위장된 축복이다."라는 말이 있다. 앞으로 겪게 될 시련과 실패가 걱정이지만 함께하는 누군가가 있다면 충분히 헤쳐 나갈 수 있다.

누군가를 지켜야 한다는 책임감, 하지만 그 책임이 나만의 몫이 아님을 알게 될 때 오히려 더 큰 책임감을 느끼게 된다. 꼭 대단한 무언가가 나를 일으켜 세우는 것만은 아니다. 다시 일어설 수 있게 하는 발판은 아주 사소하지만 따뜻한 시선에서부터 시작되는 것이다. 삶은 진실하다. 힘을 실어줄 때 힘을 내는 사람, 힘이 필요로 할 때 힘을 실어줄 수 있는 사람. 그런 우아한 시선을 가진 사람이 곁에 있는 것만으로도 내겐 행복이었다.

두 개의 시선

PART 10

어항 속 금붕어

깊은 잠에 들었다 깨면 간혹 꿈인지 현실인지 분간하기 어려울 때가 있다. 온 몸의 신경이 잠겨있는 것처럼 내 정신은 몸이 허공에 떠있는 기분이었다. 애써 정신을 가다듬고선 본능적으로 시계를 찾았다. 시계는 여섯시 반을 가리키고 있었지만 창밖의 풍경만 봐서는 지금이 어둑해지는 여섯시인지 동이 트는 여섯시인지 알 수가 없었다. 잠들어 있는 아내와 아이를 보고나서야 지금이 새벽임을 인지하고 집나간 이성을 겨우 찾을 수 있었다. 이성이 본능을 누그러뜨리자 약간의 허기와 공허함이 밀려왔다. 사람 몸처럼 완벽한 시스템은 없는 것 같다. 자기 몸에 부족한 영양소가 있다면 어떻게 해서든 채워달라는 신호를 보내는 게 바로 몸이다. 정작 몸뚱이의 주인은 채워줄 마음이 전혀 없다고 말해도 몸은 아랑곳 하지 않으며 끝까지 이기적이다. 정신이 육체를 지배한다는 말도 전부 맞는 말은 아닌 것 같다.

투정부리는 몸을 물 한 모금으로 달랜 후 다시 자리에 누웠다. 이제껏 한 번도 경험해보지 못한 일들과 난생 처음 느껴보는 감정들을 껴안아야만 하는 현실이 허탈하기 짝이 없었다. 한 줄기의 빛마저 보이지 않는 현실이었다. 헤쳐 나갈 수 있는 틈바구니라도 보여준다면 속는 셈치고 희망정도는 걸어볼까 했는데 나에겐 그 여지마저도 허락지 않아보였다. 긍정과 자신감은 사치에 불과했다. 전쟁을 나서기 전에는 도전이라는 두터운 갑옷으로 완전무장 후 개선장군이 되어 승리의 전리품을 안고 돌아오리라 생각했었지만 그러기엔 상대가 너무 거대하고 강했다. 아무리 발버둥 치고 나아가려고 해도 조금의 진전도 없을 때는 포기하고 체념하게 되는 것이 사람이다. 신은 한쪽 문을 닫으면 다른 쪽 문을 열어둔다고 하던데 내겐 허락되지 않는 일인 것만 같았다. 내가 바라던 것들과 내가 꿈꾸던 것들이 현실과 완벽한 부조화를 이루고 있음이 나를 강타하자 그나마 남아있던 내 능력마저 상실되는 기분이었다. 무기력과 무지함에 굴복을 인정하며 눈을 감았다. 다시 눈 뜨기가 겁이 났다. 이대로 리셋이 된다면, 핸드폰이나 컴퓨터처럼 포맷이 된다면 얼마나 좋을까. 말도 안 되는 일이 벌어지니 말도 안 되는 상상을 해볼 수밖에는 도리가 없었다. 정말 신이 있다면 제발 나를 외면하지 말아주기를 간절한 마음으로 바랄 뿐이었다.

해가 고개를 내미는 시간이 되어서야 눈에 힘이 들어갔다. 언제까지 감상에 젖어 있을 수만은 없는 일이었다. 추슬러야 할 감정과 치러야할 사정은 누구에게나 있는 것 아니겠는가. 내 안에서 바라

볼 땐 거대한 쓰나미처럼 보이는 것도 타인의 시선 속에서는 그저 개울물에 불과할 수도 있는 게 인생이다. 타인의 시선에서 자유롭지 못한 나는 그 시선들을 해석하려 할수록 예민해져만 갔다. 내 몸 하나 건사하지 못하면서 남의 시선까지 신경 써야하는 내가 한심해 보이기도 했지만 내가 나를 보호하기 위한 사투임에는 틀림없었다.

"안녕하세요? 좋은 아침이에요."

출근길에 사람들이 인사를 건넨다.

"네, 잘 지내시죠?"

매우 상투적이면서도 아무렇지 않은 척, 괜찮은 척 화답했다. '척'이라는 것은 "난 그렇지 않아."라는 것에 대한 부자연스러운 표현이다. 애써 꿋꿋한 척하는 것만이 의지할 곳 없는 나로서는 가장 있어 보이는 처세였다. 구겨진 내 마음을 누군가는 알아줬으면 하는 순진한 바람은 고백하기 전 장미꽃을 숨기듯 등 뒤에 감쳐둔 채 '제때'만을 기다리고 있었다.

난 당시 회사의 중간 간부로서 직원들을 관리하고 그 날 해야 할 일들을 분류하여 지시하는 일을 했다. 가끔 부장님을 도와 지시받은 프로젝트를 함께 하는 일을 했었으니 그 역할에 책임감을 늘 가지고 있었다. 불미스러운 사건이 터진 직후에는 부장님께서도 내 눈치를 보시는지 평소와는 다르게 업무지시를 내주셨다. 하지만 사회라는 곳이 나 편하자고 만들어진 곳이 아닌 이상 부장님도 언제까지나 내 사정만 봐줄 수는 없었을 것이다. 무엇보다 얽히고설킨 조직의 톱니바퀴에서 내가 그 리듬을 깨뜨릴 수는 없었다. 깨뜨린다고 봐줄 사람들도 없을 뿐만 아니라 깨뜨리게 놔둘 위인들은 더욱 없었다. 그것은 투정과는 달랐고 내 맘도 알아주지 않는 다는 푸념과도 달랐다. 일이란 내가 속한 조직에서 서로를 연결해주는 약속된 시스템이다. 그 시스템 속에서 적절히 대처를 하지 못한다면 난 필요 없는 인물이나 마찬가지였다. 적어도 남에게 폐는 끼치지 말아야 한다는 내 신념을 따라 최대한 몸을 움직였다. 그러나 평소와는 다른 업무력을 보이는 게 내 눈에도 보이는데 남의 눈에도 성에 찰리는 없었다.

시계 바늘 소리만이 들리는 사무실에 벨이 울렸다. 부장님 호출이었다. 이제야 내가 놓치고 있던 일이 떠올랐다.

"자네 지시한 일들은 어디까지 진행되고 있나?"
"죄송합니다. 아직 시작하지 못했습니다."
"뭐? 이번 주까지 처리해야 된다고 몇 번 말했나! 정신 차리게!"

부장님은 불 같이 화를 내시며 말이 떨어지기 무섭게 서류 한 뭉치를 구기시더니 벽에 집어 던지셨다. 역시 안 좋은 예감은 틀린 적

⑩ 어항 속 금붕어

이 없다. 언제까지나 나의 사정을 봐줄 거라 생각한 건 정말 유치한 발상이었다. 부장님이 원망스럽기 보다는 내 자신이 더 미워보였다. 이미 꺼질 만큼 꺼진 내 자존심과 자존감도 체념한 듯 담담히 날 바라보는 것 같았다. 사무실로 돌아와 의자에 엉덩이부터 허리까지 깊숙이 파묻고 천장을 바라봤다. 눈물이 났다. 행복해서 웃는 게 아니라 웃어서 행복하다는 말이 있듯이 슬퍼서 우는 게 아니라 울어서 더 슬퍼지는 것만 같았다.

"내가 뭘 잘못했는데!"

흐느끼는 속마음을 감추느라 얼굴은 붉으락푸르락 화끈거렸고 소리라도 꽥 지르고 싶었다.

'이게 정말 내 삶인가?'

여기 있는 사람들과 똑같은 공간, 똑같은 시간을 쓰는데 어디에도 나의 공간과 시간은 보이질 않았다.

그날 저녁 부장님과의 식사자리가 있었다. 처음엔 마음이 편치 않아 거절을 할까도 생각했지만 죄송한 일도 있고 말 상대도 없던 요즘이었기에 아내에게 말하고 부장님과 자리를 함께 했다. 고작 50센티미터 정도의 사이를 두고 마주한 자리였지만 어색한 공기가 낮게 깔렸다. 부장님이 어렵게 말씀을 꺼내셨다.

"요즘 힘들지? 그런데 그렇게 정신 놓고 있으면 처자식 다 굶어 죽는 지름길이야. 아무리 힘들어도 자네가 정신 안 차리면 어떻게 되겠나. 세상에 누구하나 아픔 없는 사람 없고 누구 하나 껴안을 고통 없는 사람은 없네. 다들 겉으로는 웃고 있고 세상 걱정 없이 사는 것처럼 보이지만 사는 거 다 똑같아. 비록 내 눈에 크고 작은 일로 보일수도 있겠지만 그 근심걱정을 가벼이 여겨야할 건 아무것도 없어. 그리고 무엇보다 이러다 진짜 죽을 것 같아서 내가 정신 차리라고 한마디 한 거니까 마음에는 담아두지 말게. 참, 회사 사람들도 다들 걱정하고 있으니깐 힘내고."

모두 보고 있었다. 아무리 괜찮다고 말하고 다녔어도 어항속의 금붕어처럼 나는 모든 사람들의 눈에 걱정거리로 보였던 것이다.

술 한 잔 기울인다고 해서 고통이 기쁨이 되고 있던 일이 없었던 일처럼 되기는 어려울 것이다. 하지만 이렇게나마 내가 누군가에게 존재가 되는 사람이라는 생각이 스쳐지나가면서 여러 얼굴들이 떠올랐다. 사랑하는 가족과 수년 동안 함께 해왔던 동료들의 얼굴이 떠올랐다. 지켜야할 것이 가족이 있고 지켜야할 믿음이 있었던 것이다. 무너졌다면 다시 쌓아 올려야 할 것이고 틀렸다면 바로 잡아야 할 것이었다. 잃어버렸던 나를 찾는 느낌이었다. 세상으로부터 독방에 격리됐던 나의 존재를 세상에 다시 꺼내고자 했다. 어디서부터 해야 할지 감이 오질 않지만 분명한건 셔츠의 단추를 잘 못 끼웠을 때는 다시 처음부터 끼워야 한다는 것이다. 잘못 끼운 부분부터 제대로 끼워봤자 헛수고일 뿐이다. 처음부터 차근차근 시작해야 했다. 비록 구겨진 인생이지만 구겨진 종이가 던지면 멀리 가는 법이다. 약해진 마음 탓에 누군가에게 의지하고 싶고 기대고 싶어졌던 마음을 추슬러본다.

"인생은 가까이서 보면 비극이지만 멀리서 보면 희극이다."라는 찰리채플린의 말처럼 언제일지 모를 훗날 지금을 돌이켜 봤을 때 웃으며 말할 수 있는 날이 올지도 모른다. 아니 꼭 그렇게 돼야만 한다.

세상에서 가장 안 좋은 일만 겹친다고 하는 아홉수가 이름값을 톡톡히 하며 지나고 있다. 보기 싫어도 봐야했고 느끼기 싫어도 느껴야 했다. 하지만 앞으로 살면서 최소한 다섯 번 이상의 아홉수가 날 기다리고 있을 텐데 이보다 더한 아홉수가 있을까 생각하니 매를 일찍 맞았다는 기분마저 든다.

다시 출발하자. 나 아직 안 죽었다.

끝이
보이지
않는

PART 01

전국 좌절 자랑

공부를 잘하고 싶으면 전교 1등을 만나면 되고, 부자가 되고 싶으면 부자를 만나면 된다고 했다. 평범하지도 못한 나로썬 부자를 만나야 답이 나올 것 같았다. 하지만 내가 만날 수 있는 부자는 누구일까 아무리 떠올려 봐도 딱히 떠오르는 인물은 없었다. 부자하면 뉴스나 신문에나 나올 법한 대기업 회장님들 밖에 떠오르지 않아 실제로 만나 뵙는 것은 실현불가능한 일이라는 생각에 감히 엄두조차 내지 못했다. 만날 수는 없으니 책이라도 읽자는 생각에 그때부터 독서를 시작했다. 소위 돈을 번다는 식의 책들은 모조리 읽었다. 그러던 중 사업을 제외하고 일반 직장인들 중에서 가장 돈을 잘 버는 사람들은 영업을 하는 사람이란 것을 알게 됐고 영업 분야에서도 보험, 부동산, 자동차 판매사원의 연봉이 가장 높다는 사실도 알게 되었다. 한 책을 통해 부동산 투자에 성공했다는 분을 알게 됐다. 서울에서 정기적인 강연을 한다는 말에 망설임 없이 신청을 했다.

토요일 저녁 7시 서울. 실오라기와 같은 답이라도 얻을 수 있을까

하는 기대감에 잔뜩 기합을 넣으며 버스에 올랐다. 기회가 된다면 따로 몇 마디라도 나눌 수 있진 않을까 하는 마음에 옷차림에도 유난히 신경 썼던 기억이 난다. 역시 소문대로 강연장을 찾아온 사람들이 입구에서부터 붐볐다. 그리 넓진 않았지만 현장은 전국에서 모여든 사람들로 가득했다.

"안녕하십니까. 여러분, 먼 길 찾아오시느라 고생 많으셨습니다."

그는 우선 자기를 실패와 가장 가까운 사람이라고 소개했다. 그는 지독한 가난이 싫어 이대로는 못살겠다며 도망치듯 무작정 서울로 올라왔다고 한다. 하지만 막상 올라와서도 할 일을 찾지 못해 매일 매일이 힘겨운 버팀이었다고 한다.

"하루는 일자리를 알아보러 다니던 도중에 계단에 앉아 숨을 돌리고 있는데 서울엔 참 높은 건물들이 많다는 걸 느꼈습니다. 그때 나도 저 빌딩 하나 있으면 소원이 없겠다는 생각을 처음 해봤죠. 수중에 땡전 한 푼 없는 놈이 할 소리냐며 헛웃음만 지었죠."

그런데 그는 이상하게도 이 생각이 언젠가 현실이 될 것 같다는 생각을 들었다고 한다. 그는 이게 아니면 죽는다는 각오로 새벽엔 건설현장을 나가고 밤에는 숙식이 제공되는 곳에서 아르바이트를 했다고 한다. 그렇게 잠을 쪼개가며 1년을 일하니 이천만 원이 모였다고 했다. 그 돈으로 부동산에 투자했지만 사기를 당해 모두 날려 한동안 술독에 빠져 살았다고 했다.

"하지만 도저히 억울해서 못 죽겠다는 생각이 들었죠. 지금 생각해보면 그때 그렇게 바닥을 쳤던 것이 오히려 인생을 공부하게 된 계기가 된 것 같아요. 그 덕분에 지금의 모습이 될 수 있었으니 말이죠."

돈 버는 이야기를 들으러 왔는데 인생 수업을 들으러 온 것만 같았다. 고난도 역시 인생의 과정이라는 말을 듣는 순간 머릿속이 하얘졌고 그의 한마디가 구원의 동아줄처럼 느껴졌다.

강연이 끝난 후 참석자끼리 간단히 소개하는 시간을 가졌다. 모두 부동산에 욕심이 있어서 온 줄로만 알았는데 이야기를 나누다보니 저마다의 상처를 안고 있었다. 어느 누구도 사연 없는 사람은 없었다. 처음 보는 사이였지만 아픔을 공유한 사람들 사이로 동지애마저 느껴졌다. 그에 비하면 나이라도 어린 내가 형편이 나아 보였다. 팔이 부러져 병원에 갔다가 팔이 잘려 실려 나간 사람을 보고 안도해야하는 기분이랄까. 아픔이란 상대적인 것이었다. 상처가 비교되니 그나마 덜 아팠다.

'생각하기 나름이구나. 힘듦이란 것도….'

살면서 난 내 삶 어느 지점에서도 '극복'이란 용어가 필요할 것이라고는 생각지 못했다. 내가 겪는 일들 모두 내 힘으로 이길만했고 행여나 지더라도 상처 따윈 없었으니 말이다. 그러나 나는 현재 지금의 상황을 반드시 넘어서야 하는 지점에 왔다.

생각이 바뀐다고 해서 당장 힘든 일이 사라지는 것은 아니지만 스스로를 옥죄었던 지난날을 좀 더 객관적으로 보게 되면서 내가 처한 현실을 바라보는 관점을 전환하게 되었다.

'현실을 부정하기 보다는 먼저 상황을 인정하고 더 나은 내일을 위한 의지를 다져야 한다. 누구나 아픔은 있다. 하지만 그 아픔에 어떻게 대처할 것인가를 선택하는 것은 각기 다 다르다.'

사람들은 그에게 부동산 투자하는 법을 듣겠다며 자리를 지키고 있었지만 난 어색한 인사를 남기고 자리를 빠져나왔다. 한참을 걷다 집으로 향하는 버스에 올랐다. 늦은 시간이라 그런지 앉을 자리가 충분했다. 창가에 앉아 유리창에 의미 없는 그림을 끄적거리다 곧 눈을 감았다. 부자가 되는 방법에 대해 명쾌한 답을 얻진 못했지만 마음에 작은 방 하나를 낙찰 받은 기분이 들었다. 좌절을 극복해야한다는 교과서 같은 정형적인 이야기였지만, 그 당연함이 지금의 삶에 얼마나 필요한 것인지 알게 되었다.

이미 일어난 일에 메여있지 말고 적극적으로 고민하여 행동으로 옮기는 현명함을 가지라는 뜻의 '방하착(放下着)'이라는 말이 있다. 더 이상 문제에만 얽매여 있을 수는 없는 노릇이다. 어서 그 답을 꺼내기 위한 열쇠를 찾아야 했다. 내 안에 없다면 찾아 떠나야 했다.

PART 02

나도 커보면 알거야

어릴 적 살던 동네 귀퉁이엔 큰 정자가 하나 있었다. 아이들에겐 놀이터가 되기도 하고 어른들에겐 만남의 장소가 되기도 하는 이곳은 한 시간만 앉아있으면 동네의 모든 대소사를 한 번에 알 수 있었을 만큼 활기가 넘쳤다.

무슨 이야기들을 하시는지 어른들의 틈에 껴 듣고 있다 보면 수다의 내용은 대게 시시콜콜한 집안 대소사나 먹고 사는 문제들이었다. 걱정만 한들 뭐가 달라질까 싶으면서도 지금 생각해보면 수다의 매력은 수다 그 자체가 아닐까 싶다. 말을 주거니 받거니, 맞장구 쳐주는 동안만큼은 마음이 한결 가벼워지니 말이다. 동네에 꼭 한 명씩은 입담이 좋은 사람이 있다던데 우리 동네에도 이름값 하는 입담 좋은 아주머니가 계셨다. 어찌나 맛깔스럽게 이야기를 하는지 입만 떼면 사람들이 배를 잡고 넘어가곤 했다. 남들이 말하면 듣는 둥 마는 둥할 이야기도 아주머니의 입에서 나오면 드라마로 변했다.

"이놈의 세상 한 5년만 훌쩍 지나갔으면 쓰겄다."

화통한 웃음소리를 뱃심으로 토해내는 아주머니에게 근심이랄 게 있을까 싶었는데 꼭 이야기 도중마다 '5년만 훌쩍 지나갔으면 좋겠다.'는 말을 버릇처럼 하셨다. 어머니 옆에서 빼꼼히 쳐다보고 있다가 눈이 마주치기라도 할 때면 "너도 커보면 다 안다."라며 쓸쓸한 표정으로 머리를 쓰다듬곤 하셨다.

너도 커보면 다 안다는 그 의미. 좀 더 늦게 알아도 될법하고 굳이 내 인생에서 꺼내지 않아도 좋았을 그 말이 무슨 뜻인지 알게 돼버린 지금 내 눈빛이 그 아주머니와 닮아보였다. 지워지지 않을 것만 같이 깊게 패인 상처가 눈앞의 현실이 되었다. 그 옛날 어른들의 입에서 샘솟던 시시콜콜한 이야기, 먹고사는 이야기가 삶에서 가장 큰 문제였다는 것을 깨닫게 된 순간이 되자 난 매일을 목 놓아 울어야했다. 눈물이 말라 더 이상 흐르지 않을 때가 돼서야 이를 극복하겠노라 다짐할 수 있었지만 헤쳐 나가기 위한 발걸음을 떼는 것은 그보다 더 심란했고 앞길은 더 캄캄했다. 잡을만한 지푸라기도 없는 현실이라 불가능한 줄 알면서도 시간을 건너뛰게 할 수 있는 초능력을 의지해서라도 지금을 회피하고 싶었다. 아마 그 때 그 아주머니의 마음도 이와 같지 않았을까하는 마음이 든다.

돈과 사람에게 시달리는 것만큼 곤욕스러운 게 어디 있을까? 딱

5년. 아니 1년만이라도 나를 옥죄는 이 상황을 유예해준다면 가까스로 숨이라도 쉴 수 있을 것 같았다.

유예되지는 않았지만 1년이라는 시간은 너무나 짧았다. 시간만 지나면 모든 게 나아질 거라는 믿음으로 살았는데 시간이 흘렀다고 해서 내 모습이 크게 달라지지도 않아보였다. 누군가를 등진 채 살아가면서 또 누군가에겐 허리를 숙여야 하는 시간들은 어김없이 나를 조였고 남들과는 다른 차원의 시간 속에서 살게 했다. 하지만 이를 어쩌나 하며 발을 동동 굴러도, 이대로는 못살겠다며 칭얼거려도 살면 또 살아지는 게 인생이었다.

5년이면 정리될 것이라 믿고 새벽일까지 해가며 발버둥 쳤지만 현실은 아직 해가 뜨지 않은 캄캄한 어둠이었다. 죗값이라면 얼른 치르고 싶은데 뾰족한 수가 보이질 않는다는 것이 현실임을 느끼자 아비로서의 미안함, 남편으로서의 부끄러움, 자식으로서의 죄스러움이 파도처럼 가슴을 때리고 또 때렸다. 하지만 그저 앞으로 나아가는 것만이 내게 허락된 일이었다. 그런 궁상을 떠는 것도 사치였다. 죗값이 나의 몫이라면 선택도 나의 몫이었다.

'되돌릴 순 없다면 앞으로 가자. 부끄럽지만 지금은 부끄러워하지 말자. 내가 살고 가족을 살리고 그리고 나서 죄송했노라 사죄하자.'

내리는 눈과 함께 이 마음이 어깨에 내려앉았다. 온 몸이 시려왔다. 도망치고 싶은 현실이지만 과거에 얽매일 수만은 없었다. 이제 초능력이 있다면 과거와 결별하고 어떻게든 오늘을 생각대로 살아 갈 수 있기를 바랄 뿐이다. 인생은 생각하는 대로 움직이는 거니까.

PART 03

세상에 나쁜 것이란 없다

"형님, 여기 한 번 와보세요!"

"왜? 어딘데?"

"주소 보내드릴 테니까 얼른 와보세요."

재기의 기회가 되는 일이라면 뭐든 하려고 했기에 자세한 건 묻지도 않고 찾아 나섰다. 사업설명회라는 거대한 현수막이 걸린 그곳에선 연회장을 방불케 할 만큼 멋을 낸 사람들이 분주하게 오가고 있었다.

"오셨어요?"

후배의 말을 따라 발걸음을 재촉한 이곳은 다름 아닌 다단계회사 사업 설명회장이었다. 어쩌다 여기까지 오게 된 건가 자책할 겨를도 없었다. 오히려 나와 같은 불행 속에 사는 사람들에게는 어쩌면 자연스러운 흐름일지도 모른다는 생각마저 들었다. 다단계라면 경기라도 일으킬 것처럼 경계했던 사람이 나였다. 인생이라는 게 참 모를 일이다.

어쨌거나 한 번 들어나 보자라는 심정으로 사람을 따라나섰다. 어디 감금이라도 당하는 건 아닐까 내심 불안한 마음도 있었지만 우려했던 것과는 달랐다. 현장은 화려하고 떠들썩했다. 장내에 모인 사람들의 환호와 열정적인 손짓들이 거대한 체육관을 물들였다.

들어설 때의 저항감은 거대한 스크린에 투사되는 영상을 보기 시작하면서 이내 흥분으로 바뀌고 있었다. 영상을 통해 흘러나오는 '성공'이란 단어와 평범한 사람들의 인생 역전 스토리, 금방이라도 부의 추월차선에 오를 수 있을 것 같은 근거를 무시한 확신이 심장을 메우기 시작했다.

영상이 끝나자 어느 한 사람이 무선 마이크를 낀 채 무대로 나왔다. 많은 사람들의 박수갈채가 쏟아져 나왔다.

"형님!, 저 사람 연봉이 10억 이래요!"

좋은 차에 좋은 집, 시간과 경제적인 자유를 누린다는 그의 말에 나를 저 사람으로 오버랩 되더니 들뜬 마음이 가라앉질 않았다.

'내가? 혹시 나도?'
'아니야, 아니야. 이런 건 있을 수 없어'

이성과 달리 움직이는 감정은 머리를 혼란스럽게 만들었다.

결과에만 매몰되면 실패한다는 말을 떠올렸다. 이러한 일은 결과를 포장하고 당장이라도 될 것처럼 얘기하면서 과정의 고단함은 언급하지 않기 때문이다. 영업의 현실은 불황일수록 혹독하다는 것을 잘 안다. 직장에서 나와야만 하는 사람들, 가게 문을 닫은 사람들이 손쉽게 시작할 수 있는 일이 영업이기 때문이다. 영업은 시간과 경험을 필요로 하는 프로의 영역임에도 불구하고 인맥과 지인에 의지한 채 영업을 시작하면 6개월도 버티지 못하고 그만두기 마련이다. 99%라고 단언해도 무리는 아닐 것이다. 그중 살아남은(성공이 아니다. 살아남은 사람이다) 1%는 자신의 처지에 대한 사회적 시선과 부끄러움 그리고 자존심을 철저히 내려놓은 사람이다. 더 이상 내려갈 곳이 없는 바닥을 경험한 사람들만이 부끄러움을 버린다. 절박한 그들은 만날 수 있는 사람은 모두 만나고, 거절당하고 쫓겨나기를 매일 수십 차례 반복한다. 뻔히 보이는 거절과 냉대 앞에 웃고 허리를 굽혀 "다시 찾아뵙겠습니다."라고 감히 말할 수 있는 사람이다.

지금 여기 있는 모든 사람들 앞에서 '성공'과 '부'를 이야기 하는 저 사람도 이곳에서의 상위 1%안의 사람이었다.

1시간 넘게 스피커와 사람 입에서 터져 나오는 소리를 듣다가 빠져나오니 이제야 살 것 같았다.

"어떠셨어요?"

혼란스러워하는 내가 눈에 띄었던지 직급이 높아 보이는 사람이 나에게 말을 걸어왔다.

"안녕하세요?"

순간 경계심이 발동했다. 잘 들었다는 말을 했지만 이런 일을 하기에는 시간이 없다고 에둘러 넘어가려하자 그가 웃으며 한마디를 던진다.

"사장님."

난생 처음 들어본 호칭이었지만 여기선 모든 호칭이 사장님이 었다.

"사장님, 누군가 하루에 2시간 투자하면 2억 준다고 합시다. 그러면 하시겠어요?"
"…."

허무맹랑한 말장난인가 싶어 대답도 못했다. 그를 보며 애매한 웃음으로 답변을 대신했다.

"사장님, 절실하면 다 가능합니다."

하는 일이 뭐가 됐건, 물불을 가리지 않고 할 수 있는 일에 최선을 다하는 것. 부끄러울 자격조차 없던 나에게 스스로 물러서지 말라 되뇌었던 그 시절. 세상이 허용한 일이라면 뭐든, 지금 당장, 될 때까지 매달려야하는 것이 삶을 이겨내는 유일한 해답이었다고 자부하고 있었다. 그런 나에게 그는 '절실'이라는 단어로 응수했다. 난 생각해 보겠다는 말을 남기고 자리를 뜨기로 마음먹었다. 내가 일어서니 그도 따라 일어서서는 다른 사람들에게 가서 내게 했던 말을 그대로 전하고 있었다.

'그래, 인생이 확률게임이라면 많이 시도하는 사람이 성공하는 거겠지.'

그날 밤 후배에게 연락이 왔다.

"형님, 잘 들어가셨어요? 생각 좀 해보셨어요?"
"어, 근데 앞으로 연락하지 마라."

PART 04

내 꿈은 회사원

"넌 커서 뭐가 될래?"

난 남들이 우러러 보는 무언가가 될 것이라 기대하며 살지 않았다. 누군가에게 잘 보이고 인정받으려 애쓰지도 않았다. 커서 큰 인물이 되지 못할 것이라는 이른 깨달음이었을까, 일찌감치 평범함만을 바라보며 살아왔다. 학창 시절 친구들은 대부분 의사, 판사, 대통령을 장래희망으로 적었던 생활기록부에 난 회사원을 장래희망이라 적었다.

평범하게 자라서 평범하게 졸업하고 평범하게 직장생활을 하며 아들 딸 낳고 평범하게 산다면 그게 제일이라고 생각했었다. '꿈을 크게 꿔라'라는 말이 유행하는 요즘이지만 난 평범하게 사는 게 얼마나 소중한지 잘 알고 있다.

난 1남 2녀 중 막내로 태어났다. 아버지는 술을 참 좋아하셨다. 잘 마시지도 못 하면서 하루가 멀다 하고 술에 취해 집에 들어오셨다. 그런 날이면 어김없이 우리 집은 비상이었다. 한밤중에 잠들어 있던 온 가족은 형광등 불빛 아래 눈을 떠야 했고, 행여나 아버지 비위를 거스르기라도 했다가는 집안 살림이 풍비박산 났다. 한 겨울에 온 가족이 집에서 쫓겨나 눈밭에서 발을 동동 굴렀던 적도 있었다. 일곱 살이 되던 해. 주전자를 들고 동네 양조장에 가 막걸리를 받아오던 기억은 아직도 생생하다.

사람의 오감 중에서 가장 오랫동안 기억에 남는 것이 냄새라고 한다. 새벽에 쫓겨나다시피 밖으로 내쳐져 떨었던 그 겨울의 혹독한 냄새를 잊을 수가 없다. 지금도 난 겨울이 싫다.

그런 환경에서도 굴하지 않고 혈혈단신으로 삼남매를 키우시던 어머니는 강한 분이셨다. 못하나 당신 손으로 박지 않는 아버지를 모시며 삼남매를 키우셨으니 그 힘듦을 굳이 말해서 무엇 하랴. 기술도 없는 여자의 몸으로 집안을 책임진다는 일은 보통일이 아니었다. 자라면서 큰 꿈보다는 어머니의 짐을 조금이나마 덜어드리고자 착실한 아이가 되고자 했다. 자식 농사 잘 지었다는 말을 들을 때가 가장 좋다는 어머니를 위해 남들에게 기죽지 않는 모습을 보이며 살아왔다.

어머니는 늘 욕심 부리지 말고 평범하게 살라고 하셨다. 누군가에게 평범함이란 남들 사는 만큼이라는 의미로 해석될지도 모르지만 어머니에게는 지금도 누리지 못하는 과분함을 의미하기에 평범함이란 단어는 그만큼 나에게 소중했다.

여유 있는 것은 아니지만 내 몸 하나 건사하고 사람구실 할 수 있는 정도의 인생을 살 수 있음에 감사해 왔다. 그런데 평생을 올바르게 살아도 한 번의 과오로 무너지는 게 사람 인생이었다. 게다가 이때까지 쌓아왔던 모든 기대감과 믿음이 무너지는 것도 한 순간이었다.

벼락을 맞아 보진 않았지만 벼락을 맞는다면 아마 이런 느낌일 것이다. 벼락은 천둥을 동반하듯이 이런 내 불행을 두고 주위의 비난의 끊이지 않았다. 사정을 모르는 사람들의 막무가내식 이야기가 이야기를 만들어 냈다. 나는 그들의 냉담해진 시선을 온몸으로 받아내야만 했다. 내겐 설명할 기회도 없었고, 누구하나 내 말을 믿으려하지 않았다.

"힘들지?"라는 위로의 한마디가 필요했는데, 사람들은 일어날 힘도 없는 사람에게 그것 밖에 안 되냐며 채찍질을 해댔다. 종종 연예인이나 사업가들이 수십억의 채무를 쉽게 해결해 나가는 걸 봐서 그런지 대수롭지 않게 생각하는 사람들도 많았다. 나한텐 아무것도 아닌 게 아닌데 말이다.

평범하게 사는 게 제일 어렵다는 말. 세상의 말은 왜 하나도 틀린 게 없을까.

하지만 평범하게 산다는 꿈은 깨졌지만 그 깨진 조각들은 컸다. 그리고 내 삶은 깨진 조각들 안에서 다양한 모습으로 계속 되고 있다. 비록 지금은 깨진 조각이지만 분명한 건 난 실패하려고 태어나지 않았고 동정 받으려고 살지도 않았다는 것이다. 내가 뿌린 인생이니 뿌린 대로 거두게 될 것은 분명했다. 무엇을 뿌리고 무엇을 거둘지도 모두 나에게 달려있다. 휘둘리지 말자. 내 인생의 주인공은 어디까지나 나 자신이니까.

PART 05

나 돌아갈래

"하⋯."

아내는 왜 자꾸 한숨이냐며 다그쳤다.

"밥 먹고 소화가 안돼서 그래. 나 소화 좀 시키고 올게"

평소 같았으면 어디 가냐고 묻기라도 할 텐데 이 날만큼은 아내
도 내 눈치를 살피는 듯 했다.

마음을 터놓을 곳이 없으니 답답했다. 이럴 땐 산에 오르곤 한다.
말할 곳이 없으니 내게도 말을 걸지 않는 곳이 오히려 마음 편했다.
가벼운 마음으로 오른 산행이지만 역시나 한 발 한 발 오를 때마다
숨은 턱 끝까지 차올랐다. 잠깐씩 숨을 고를 때를 제외하고는 주변
을 돌아 볼 겨를도 없었다. 가끔 마주치거나 지나치는 산행객들이
건네 온 인사에 화답을 하는데 거친 숨소리를 들키지 않으려 애쓰

다 보니 인사 후엔 숨이 두 배로 가빠졌다.

'정상 200m'

분명 앞으로 조금만 더 가면 된 다고 했는데 아직도 산 넘어 산이다. 산의 표지판은 다 거짓말 같았다. 한 시간 반을 올랐을까. 오기 섞인 패기로 정상에 다다랐을 때야 비로소 깊은 숨을 몰아쉬며 산 아래를 내려다 볼 수 있었다. 주저앉은 채 가쁜 숨을 내뱉으며 바라보는 풍경은 그나마 살 것 같았다.

눈 아래에 깔린 짙푸른 숲과 산등성이를 타고 매섭게 몰아치는 바람에 머리를 감싸 쥐었다. 나 하나쯤은 세상의 점 하나에 불과하다고 느끼게 만드는 거대한 산울림이 이날따라 더 엄숙하게 다가왔다.

마침 유명한 영화 속 대사가 생각이 났다. 긴 막대기 하나를 들고 선 바람을 등진 채 흙바닥에 '나 돌아갈래!' 라고 적었다. 하지만 이런 내 마음을 아는지 모르는지 꾹꾹 눌러 쓴 나의 바람은 곧 누군가의 발자국과 바람에 쓸려갔다. 야속하기 짝이 없었다.

함께 오르던 사람들은 보이지 않았다. 모두 정상을 바라보고 오르진 않나보다. 누군가는 계곡을 찾아서, 누군가는 산 속 사찰을 찾아서, 그중 일부가 정상을 찾을 것이라는 생각이 들었다. 저마다의 삶이 다르듯이 저마다의 목적도 다른 것이었다. 삶의 목적은 우리를 이끌어 가게 하는 힘이 있다.

'과연 무엇이 나를 여기까지 오게 했을까? 내 삶의 목적은 무엇인가?'

지금까지 시키면 피고름을 짜내면서 좌절하고 분노하며 '끝'이라는 한마디가 입속에서 맴돌았지만 정상을 내려다보며 나는 과정 속에 존재하고 이렇게 숨을 쉬고 있고 앞으로 살아낼 내일이 있다는 사실을 깨닫게 되었다. 결과가 아니라 과정 속에 존재하고 있다는 사실에 깊은 안도감을 느꼈다. '바닥까지 내려왔으니 이제 올라가 보자' 산이 나에게 속삭이는 것 같았다.

그러자 모든 일들이 삶의 일부분이었다고 느껴졌다. 실패한 인생이라고 느꼈던 지난날들, 비록 아프긴 하지만 어쩌면 나에게 자연스러운 것일지도 모른다는 생각이 들었다.

신은 견딜 수 있는 만큼의 시련을 준다고 했는데 그렇다면 지금 신이 날 시험하고 있는 건 아닐까라는 상상을 해가며 마음을 달래본다. 한결 마음이 편해졌다.

개구리가 뛰어 오르기 전 몸을 움츠리듯 내 삶도 더 높이 뛰어 오르기 위해 거친 시련을 받고 있을지도 모른다. 그리고 바닥을 찍었으니 이젠 튀어 오르기만 하면 된다. 비록 중간에 걸려 넘어질 일도 있을 것이고 또 다시 좌절과 한탄의 순간이 올 수 도 있을 것이다. 하지만 모두 자연스러운 것이다.

'대체 얼마나 잘 되려고 이렇게 움츠리고 있는 걸까?'

나의 마음이 꼭 모래사장 위에 쓴 글씨 같다. 내 삶의 기억도, 지금의 순간들도 언젠간 다 지워질 것이라는 생각과 함께 발길을 돌렸다.

PART 06

앓던 이

"으…."

밥을 한 숟가락도 넘기질 못하겠다.

"왜 그래?"

며칠 동안 이가 아렸다. 얼마 전부터 통증이 느껴졌는데 바쁜 업무와 병원 가는 걸 좋아하지 않는다는 핑계로 치료를 미루다보니 통증만 더 키운 꼴이 됐다. 입안에 바람만 들어도 온 몸에 전기가 통할 것 같은 지경이 되자 더 이상 버틸 수 없었다. 하던 일을 멈추고 병원으로 달려가 앓던 이를 뽑았다. 그제야 살 것 같은 기분이 들었다. 왜 일찌감치 병원에 가지 않았을까 하는 후회가 밀려왔다. 어차피 받아야 할 고통이라면 그 고통은 짧을수록 좋은 것이련만 내가 어리석었다. 썩은 것은 뽑아내는 게 답인데 말이다.

　돌아오는 길에 피식 웃음이 났다. 사람이란 게 참 간사하다. 빚더

미에 앉아 있는 지금. 이 아픔보다 더한 고통은 없을 것이라 생각했는데, 치통이 빚의 통증을 망각하게 할 줄은 상상도 못했다.

어쩌면 최악이란 상대적인 고통의 정도일 것이라고 생각이 들었다. 현재가 불안한 사람들은 실낱같은 희망에 삶을 걸어둔 채 살고 있지만, 지금보다 더한 고통의 순간들이 찾아올 가능성도 인정하고 살아야 한다는 게 삶을 대하는 처세일 것이다.

내가 곧 앓던 이였을까. 한 달간 회사로부터 파견 발령을 받았다. 집에서 좀 멀리 떨어진 곳이라 몸은 좀 고생이었지만 당분간 눈치 볼 일이 없으니 잠시 쉼표를 찍고 오자는 마음으로 감사히 받아 들였다.

낯선 곳에서의 시간은 더디게 흘렀다. 이곳에서 혼자 있는 시간이 많았다. 그러다보니 자연스레 멍하니 하늘을 쳐다보는 시간이 많아졌다. 아니 생각이 많아졌다는 표현이 더 맞을 수도 있겠다. 늘 허둥대며 살아왔던 직장과는 달리 파견지에서의 시간들은 내 삶을 들여다보게 해 주었다.

'어디서부터 잘못됐을까?'

다시는 같은 실수를 반복하지 않는다는 의미에서 인생의 오답노트를 써내려갔다. 더할 나위 없이 좋았던 그 때의 기억들, 순간의 잘못된 선택들로 불거진 인생의 오점.

'내가 그때 그 사람만 안 만났더라면…'

'집에 돈이라도 많았다면 내가 이 꼴은 면할 수 있었을 텐데…'

현재가 불안한 사람일수록 과거에 집착한다. 핑계든, 자랑이든 지난 것을 탓하는 것이 쉽기 때문이다. 하소연을 해봐도 그런 바람들은 소용없다는 것을 나는 안다.

이제 사람 구실 좀 하고 살 수 있겠구나 하려는 찰나에 벌어진 일은 지나온 삶을 뒤엎어버릴 만큼 거대했다.

'앞으로 어떻게 살아야 할까?'

어떻게 살아야 할까라는 물음에 대해서는 당연히 돈 문제가 가장 컸지만 그렇다고 해도 최소한 나를 믿어주는 분들에게 만큼은 여전히 건재한 나를 보여주고 싶었다.

"내가 그럴 줄 알았다."

힘든 일이 있었지만 극복해 냈을 때와 반면에 그러지 못했을 때 듣게 되는 이 말의 뉘앙스가 전하는 메시지는 극명하게 다르다. 난 극복하고 싶었고 극복해야만 했다. 갑자기 복권이라도 당첨돼주길 바라는 마음도 있었지만 확률이 낮은 게임에 더 이상 에너지를 쏟고 싶지는 않았다.

내가 할 수 있는 일과 내가 해야만 하는 일 그리고 그로인해 겪어야 하고 부딪쳐야 할 일에 대한 경우의 수를 세어봤다. 그러자 사랑하는 가족들이 가장 먼저 떠올랐다. 나만 통증을 느끼고 있진 않을 것이다. 통증이 있다면 아프더라도 뽑아내야 하는 것이 맞는 이치다. 그 통증을 계속 키우는 사람은 없다. 나의 지금이 삶 전체를 봤을 때 잠깐 느끼게 될 통증이라면 뽑아버리면 그만인 것이다. 그 뽑힌 자리에 새로운 싹이 틀 것이다.

PART 07

신랑 없는 상견례

"장모님, 못 가서 죄송합니다."

"됐네. 살다 살다 신랑 없는 상견례는 처음 봤네."

양가 상견례가 있는 날이었다. 처음으로 양가 식구가 모인 자리였지만 회사에 급한 일이 생기는 바람에 참석할 수가 없었다. 나 하나 없다고 회사가 안돌아가는 것도 아닌데 하필 일손이 제일 많이 필요한 시기라 어쩔 수 없이 회사에 남아있었다. 몸은 회사에 있지만 마음은 다른 곳에 있으니 일이 손에 잡힐 리가 없었다. 초조한 마음을 감출 수가 없어 아내를 통해서나마 실시간 상황을 들어야했다. 화기애애한 분위기 속에서 진행이 되었다고는 하지만 사돈 식구를 뵙는 자리에 아들이 자리를 비웠으니 어머니 마음은 어땠을까. 당시에는 속에 타들어가는 심정이었지만 지금은 가족 모임에 빠질 수 없는 에피소드가 되었다.

자리가 사람을 만든다고 하지 않던가. 팀을 책임져야하는 위치에

오르게 되니 사적인 일보다 회사 일을 우선시 하는 경우가 많아졌
다. 입사 초 업무를 미숙하게 처리한 탓에 식은땀 나는 위기도 여러
번 겪었지만 동료들의 도움을 받으며 이 자리까지 올 수 있었다. 벽
돌을 쌓아가듯 나는 하루하루 미래를 만들어가고 있었다. 정시에
출퇴근하는 안정된 일상 속에서 아내와 산책을 하고 이따금 동네
극장을 찾는 평범한 미래 말이다. 소박한 미래를 꿈꿀 수 있었던 삶
의 터였기에 이 회사는 내게 소중함 그 이상이었다.

　하지만 더 이상 이곳은 내가 꿈꾸는 퍼즐을 맞추기 힘들 것 같았
다. 회사가 싫어서가 아니라 내 상황을 극복하기 위한 결단이었기
에 난 떠날 준비를 해야 했다.

　새로운 삶을 위해 구체적인 고민에 들어갔다.

　'어떤 일을 할까 해볼까? 무엇부터 준비해야 할까?'

　고민되는 일이 한 두 가지가 아니었다. 퇴사를 결심했다고 해서
일을 소홀히 할 수는 없었다. 박수는 못 받을지언정 내 남은 자존심
이라도 지키고 싶었기에 아내에게도 숨긴 채 퇴사 준비를 했다. 퇴
사준비는 퇴근 후 자는 시간을 쪼개가며 준비했다. 경력이 화려한
것도 아니고 자랑할 만한 스펙을 갖춘 것도 아니었지만, 어떻게 해
서든 이 현실에서 벗어나야 했다. 마음을 조급하게 먹을수록 이성
은 무뎌져갔다. '인생 역전'이라는 말 같지도 않던 유혹들이 귀에
착착 감겼다. 주식으로 수백억을 벌게 해준다거나, 복권에 당첨되

는 번호를 알려준다거나, 투자금의 200%의 이익을 내준다는 말들이 금방이라도 나의 현실이 될 것처럼 들렸다. 연설을 듣다가 나도 모르게 그들이 짜놓은 판에 들어서려 한 적도 있었다. 그간의 실패를 통해서 배운 값비싼 교훈이라면 상식적이지 않는 일은 상식적인 세상에서 일어나지 않는다는 것이다. 우리가 알아야 할 것은 이미 유치원 때 다 배웠다고 한 말을 들은 적이 있다. 바르고 옳은 길이 멀리 돌아가는 것처럼 보여도 결국에는 가장 빠른 길임을 깨달아야 한다. 삶이 불안한 현실을 마주하고 서 있다 보니 편하고 쉽게 갈 수 있다는 유혹에 흔들리는 것이다.

비록 고달프지만 다시는 멍청한 선택을 하지 않으리라 다짐했다.

'고달프지만 즐겁게 생각하고 궁핍하지만 부유하게 여기며 비굴하지만 귀하게 생각한다. 내려갈 때가 있다면 반드시 올라갈 때가 있다.'

PART 08

꾸준함은 재능을 이긴다

어느 날 저녁, 김이 모락모락 나는 찌개 앞에 네 식구가 모여 앉았다.

"아들, 태권도 학원 다녀볼래?"
"싫어."

어머니는 집에만 있는 내가 안쓰럽기도 하고 남들 다하는 학원 하나 안 보내시는 게 미안하셨는지 태권도 학원을 다녀볼 것을 권유하셨다. 하지만 왜소한 체격에 소심한 성격으로 시작도 하기 전에 덜컥 겁이나 일언지하에 거절했다. 하지만 이런 나와는 달리 한 번 마음먹은 일은 꼭 해야 하는 성격의 어머니는 내 손을 끌고 학교 앞 태권도장으로 찾아가셨다.

"하나!, 태! 권!"

사범님 구령에 맞춰 울려 퍼지는 학원생들의 목소리가 건물 안을 가득 메웠다. 들어가기 싫은 마음에 당기듯이 밀고 들어간 도장 안에는 초록색 매트 위로 하얀색 도복을 입은 또래 학원생들로 꽉차 있었다. 그 중 몇몇이 뒤를 돌아보며 나와 눈을 마주고는 들어보라는 듯 우렁찬 기합소리를 뿜어냈다. 묘한 감정을 안은 채 빳빳한 도복으로 갈아입고 흰색 띠를 허리에 두르니 어머니께서 제법 늠름해 보인다며 칭찬을 해주셨다. 그 한 마디에 용기를 내 초록색 매트 위로 올라갔지만 긴장감은 쉽게 가시지 않았다. 눈앞에서 겨루기 시합이 펼쳐졌다. 보호 장구로 몸을 감싼 상태라지만 겨루기 하는 모습을 보니 앞으로 실컷 얻어터지겠구나 하는 생각이 들었다. '차라리 집에서 심심하게 있을 걸' 후회가 밀려왔다. 시작하려는 용기보다 아직 오지 않은 두려움이 더 컸기 때문이다.

어린아이의 눈에 비친 세상이 크고 무섭게 느껴졌듯이 다 큰 어른이 되어서도 새로운 무언가를 시작하기란 설렘보다 두려움이 앞설 때가 있다. 저마다의 천성이 다르기 때문이다. 본래의 타고난 성격이나 성품을 일컬어 '천성'이라고 한다. 한번쯤 성격을 바꿔보고 싶기도 했지만 천성이라 여긴 후로는 바꾸기가 결코 쉽지 않았다. 오죽하면 강산은 변해도 천성은 변하기 힘들다는 말이 있을까. 인정하기 싫지만 살아보니 인정할 수밖에 없는 일이었다. 하지만 천성을 바꾸기는 어렵더라도 세상을 대처하는 자신의 습성은 얼마든지 바꿀 수 있다는 생각을 하게 됐다. 그것이 나의 살 길과 연결되어 있다면 특히 더 그러했다.

내가 즐겨보는 '서민갑부'라는 프로그램이 있다. 주인공들의 사연에는 공통점이 있다. 연이은 실패로 인해 전 재산을 잃고 가족과 생이별을 해야 하는 아픔을 겪지만 끝내 인생역전을 하게 된다는 것이다. 겪어보지 못한 사람이라면 절대 공감할 수 없을 것이다. 화면에 보이는 화려한 모습 뒤로 뼈를 깎는 고통과 노력의 과정들이 있다는 것을 말이다. 갖은 고생을 경험하면서도 어려움을 극복해나가는 모습이야 말로 인생에는 절대 공짜가 없다는 것을 가장 잘 말해주고 있었다. 이들에게 발견할 수 있는 또 다른 한 가지는 생사에 기로에 서도 마지막으로 한 번 해보자라는 간절함이었다.

역경을 겪기 전 그들의 삶은 다른 사람들의 삶과 별다를 것이 평범함에 불과했는데 무엇이 그들의 삶을 흔들어 놓았을까? 모름지기 그들의 천성을 바꿀 벼락이 그들의 삶을 바꾸어 놓았을 것이다. 태어나면서 가지고 나온다는 금수저나 영재의 기질은 없었을 그들이다. 하지만 그들에게는 마지막이라는 간절함과 끝까지 해낼 수 있는 끈기라는 잠재력이 있었다. 그들의 모습에서 꾸준함이 특별함이고 꾸준함이 비범함이라는 것이 보였다.

나에게 성공을 가져다 줄만한 특별한 천성 따위는 없을지도 모른다. 하지만 그들처럼 나도 모르는 잠재력이 숨어 있을 것이라는 기대감은 생겼다. 행동의 선행은 의식의 변화일 것이다. 그런 의식

의 변화가 내게 제 2의 천성을 만들어 줄 것이라는 생각에 용기마
저 생겼다. 고등학교 1학년 담임선생님께서 생각을 바꿔야 한다는
말씀을 자주 해주셨다. 수업시간마다 어느 한 문장을 외우게 하셨
는데 당시 선생님께선 커서도 잊지 말라는 당부의 말씀을 하셨다.
고귀한 말씀을 암기라는 일거리로 치부했었고 너무나 당연한 말
아닌가라는 생각에 대수롭지 않게 여겼건만 그 당연한 이치도 깨
닫지 못하고 살았던 내가 부끄러워졌다. 지금 이 순간 그 의미를
되새겨 본다.

  '좋은 생각은 좋은 행동을 낳고, 좋은 행동은 좋은 습관을 낳고,
좋은 습관은 훌륭한 인격을 낳아 좋은 운명을 약속한다.'

드디어
땅 밖으로

PART 01

신입사원

"잘 부탁드립니다!"

신입사원이 들어왔다. 서글서글한 인상에 패기 있는 모습이 사무실 공기를 환기시켰다. 차례차례 소개를 하며 환영인사를 건넨 뒤 그가 쓰게 될 자리를 정리해줬다. 자리라고 해봐야 책상에 업무용 PC와 전화기 한 대 뿐이지만 자신만의 공간이 생긴다는 것에 기뻐하지 않는 사람은 없었다. 짐을 정리하는 동안 간단한 소개와 질문이 오가자 신입사원은 낯설지만 점차 안정감을 느끼는 것 같았다.

주인을 만난 책상은 햇볕을 받아 더 윤기가 흘렀다. 사람이 들어온다는 건 같이 일할 사람이 늘었다는 정도에서 그치지 않는다. 같은 공간에서 하루의 절반 이상을 함께 보낸다는 것은 가벼운 인연은 아니다. 생존수단인 '일'이라는 차원에서 만났지만 그 의미만큼은 단순하지 않다. 매일 얼굴을 마주하면서 상대방의 기분과 감정을 배려하고, 머리를 맞대고 서로의 생각을 공감하며 때로는 성취감을, 때로는 좌절을 느끼며, 함께 밥을 먹으며 인생을 나누는 곳이다. 학창시절 학교와 집이 내 삶의 8할 이상을 차지하듯이 성인이 되어서도 일터는 그때 시절만큼 그 의미가 진하다. 그게 흘러가듯 들어온 사람이든 생존의 절실함을 위해 들어온 사람이든 말이다.

　다니던 회사에서는 신입사원이 들어오면 멘토링 활동을 해야 했다. 선배와 후배간의 간극을 좁히고 회사생활에 잘 적응할 수 있도록 돕자는 취지였다. 자처한건 아니지만 어쩌다 보니 팀의 신입사원과 함께 멘토링 활동을 하게 됐다. 말 그대로 선임 역할을 하게 된 것이었다. 예상했던 것처럼 신입사원은 가자는 곳마다 호기심 어린 눈빛으로 이리저리 따라다니기에 바빴고 적극적이었다.

　거래처 담당자와 전화번호를 알려주고 사소한 말 한 마디 한마디에도 메모를 해가며 배우려는 자세가 예전의 나를 떠올리게 했다. 나 역시도 어미새에게 먹이를 갈구하듯이 졸졸 쫓아다녔었다. 신입사원들은 처음 멘토로 만난 선배를 더 따르게 되는 경향이 큰데 시간이 지나면 업무 스타일마저 비슷하게 되는 경우도 많다. 하지만 행여나 신입사원이 잘못을 저지를 때면 원망의 시선을 사게 되는 경우도 있다. 그러므로 선배인 나로서는 행동 하나가 조심스러울 수밖에 없었다.

　신입사원의 열의는 컸다. 일주일 동안 함께하다 보니 정도 많이 들었다. 이질감 없이 적응해 가는 모습에 다행이라 여기고 있던 찰나 신입사원이 말을 건넸다.

"감사합니다. 열심히 하겠습니다. 여기서 인정받으면서 오래 일하고 싶어요. 선배님만 믿고 따라가겠습니다!"

당찬 각오였다.

그의 각오가 문득 서글프게 했다. 나는 지금 여기서 끝을 보고 있는데 신입사원은 시작을 보고 있었다. 시선의 방향은 다르지만 끝은 행복하길 바랐다.

PART 02

나의 지원군, 준

신입사원과 함께 일주일 정도 업무를 살펴봤다. 사는 곳과 살아온 얘기를 나누다보니 제법 친숙해진 느낌이 들었다. 신입사원은 나보고 든든한 지원군 같다는 말을 했다. 멋쩍은 웃음이 나왔다. 수십 개의 눈들은 나를 언제 넘어질지 모르는 흔들바위처럼 지켜보고 있는 상황인데 낯선 두 개의 눈은 나를 흔들림 없는 바위로 평가하고 있었다.

"사람 함부로 믿지 마요."
"네? 네…."

내가 해 줄 수 있는 진심의 말 한마디였다.

나에게도 최고의 지원군이 존재했었다. 그 지원군은 군대에서 만난 동기로 나보다 네 살 위의 형이었다. 집안의 가장 역할을 하느라 제때 입대하지 못했다던 그는 작은 체구였음에도 다부지고 어른스러웠다. 그 역시도 나와 비슷한 가정환경이었다. 다른 점이라면 막내였던 나와는 다르게 첫째였던 그는 어릴 적부터 생계를 위해 일을 해야 했다는 것이었다. 동생을 돌보면서 가장 노릇을 해야 했던 그의 인생은 꽤 드라마틱했다. 공사현장은 기본이었고 주유소, 새벽시장, 주점 지배인까지 안 해본 것 빼고 다 해본 것 같은 그의 인생이야기는 무협지만큼이나 흥미로웠다. 돌이켜보면 비록 네 살 차이라고 해도 그땐 모두 어린 나이였는데 경험으로만 비추어 보면 네 살이 아니라 세 배는 더 차이 나는 것 같았다.

그는 피곤했던 나의 군생활의 쉼터 같은 존재였다. 얇고 가느다란 인생이 보잘 것 없다고 느꼈기에 누군가에게 나의 이야기를 한다는 것은 적잖은 용기가 필요했다. 그래서 내 속마음은 늘 마음속 제일 아래 칸에 숨겨 두곤 했었다. 하지만 그에게만은 다 털어놓을 수 있었다. 터놓고 말할 수 있다는 것이 이렇게 청량감 넘치는 것인지 그때 처음 알았다. 마음속으로만 담아두었던 이야기를 누군가에게 꺼내게 될 때, 그리고 상대방이 진심으로 들어주는 것을 느낄 때 서로에게는 묘한 동지애가 생긴다. 친구에게 "너한테만 하는 얘기야."라고 말할 때 더 가까워지는 기분이 드는 것처럼 말이다. 2년 동안 함께 훈련도 하고 근무도 서면서 못 볼꼴까지 다 본 사이다. 어느덧 시간이 흘러 나의 든든한 지원군이던 그와도 헤어질 시간이 다가왔다.

우리는 부대 앞 터미널에서 마지막 식사를 했다.

"준, 난 나중에 돈 많이 벌 거야. 꼭 성공해서 만나자!"

그에게 나의 포부라며 다부지게 말을 건넸지만 그는 삶의 경험에서 나온 말인지 아니면 누군가에게 귀동냥해서 들은 말인지는 모를 말을 나에게 해주었다.

"천천히 가는 것이 가장 빨리 가는 거야. 욕심 부리면서 빨리 가려고 할수록 오히려 뒤로 가게 돼 있어. 너나 나 같은 사람은 조급해 하지 말고 한걸음씩 천천히 가는 것이 이 세상을 살아가는 가장 빠른 지름길일거야."

그때가 그의 나이 스물일곱이었다. 욕심 부리지 않고 현실을 부정하지 않는 모습이 멋스러운 사람이었다. 마음속의 이야기들을 비롯해 걱정거리는 물론 기쁨을 공유하며 진심으로 서로를 존중해줬고 많은 의지를 하며 지냈었던 게 엊그제 같은데 먹고 사는 일이 바빠 연락이 뜸해진지 오래다.

'지금은 뭐하고 살려나?'

생각난 김에 그에게 전화를 걸어봤다. 하지만 없는 번호라는 음성만이 귀를 맴돌았다. 무소식이 희소식이라고 했다. 어디선가 단란한 가정을 꾸리며 살고 있으리라는 생각으로 SNS를 통해 그를 찾기 시작했다. 세월이 좋아져 어렵지 않게 그를 발견했지만 내 눈을 믿을 수가 없었다. 그는 이미 이 세상 사람이 아니었다. 이유는 몰랐다. 여러 사람의 추모의 글만이 그의 빈자리를 채우고 있었다. 먹먹한 가슴에 비가 내렸다. 내 최고의 지원군은 그렇게 사라졌다. 과연 삶의 의미는 무엇인가? 먹고 사는 일이 우선이라고 해도 사람구실도 못하고 사는 내 모습이 한스러웠다.

인간의 죽음 앞에선 내게 닥친 현실이, 극복해야한다는 부담이, 우주만큼 거대해 보였던 장벽들도 삶의 과정 중의 하나라는 생각이 들자 지금까지 지배하던 두려움들이 사라져갔다. 나를 괴롭히던 현실은 생존의 문제였지 생사의 문제는 아니었다. 현실속의 문제는 죽음 앞에선 한낱 초라하고 볼품없는 투정에 불과했다.

그가 아직 살아 있었더라면 나에게 어떤 말을 해주었을까? 마음은 이렇게 급해 죽겠는데 여전히 천천히 가라고 했을까? 혼자 갇혀 있지 말고 귀와 마음을 열라고 말해주었을까?

그의 SNS 프로필 사진이 나를 바라본다. 사람답게 살라고, 용기 있게 맞서라고 말해주는 것만 같았다. 함께 새벽 근무를 설 때면 반짝이던 하늘을 가리키던 그였다. '함께'라는 단어를 쓸 수 없음에 유난히 그가 생각나는 오늘이다.

PART 03

이상주의자

집에 들어와 날 먼저 반기는 것은 식탁위에 쌓여있는 고지서와 걱정이 가득한 아내의 얼굴이었다. 난 불안한 삶이 싫었다. 불안정이란 삶의 또 다른 이름이라는 말도 있지만 세상의 모든 것들이 나에게만 비합리적인 것 같았다.

"여보, 나 회사 그만둘게."
"뭐?"

나의 일방적인 통보에 아내는 황당한 표정을 지었다. 혹시나 했더니 역시였다. 아무런 대책 없이 회사를 그만두겠다는 말을 하니 아내는 어의가 없는 듯 불같이 화를 냈다.

회사를 나와서 다른 일을 알아보고 좀 더 많은 일을 해서 빚을 빨리 갚고 정상적인 삶을 찾을 거라며 앞으로의 계획과 꿈들에 대해 이야기 했다. 최대한 이성적이고 논리적으로 설득력 있게 말이다. 그렇게 말하면 아내도 수긍할 것이라 생각했다. 하지만 오산이었다. 직장은 구했는지, 앞으로 어디에서 살 것인지, 직장이 없으면 대출 받기도 어려울 텐데 지금 사는 집 계약이 다음 집은 어떻게 구할 건지에 대해 더 이성적으로 내게 물었다.

"그래서 뭐하면서 살건데?"
"…."

마지막 아내의 한마디에 난 아무런 대답도 하지 못했다. 현실적인 물음들에 아무런 대답을 하지 못하는 내 모습을 본 아내는 실망감이 역력해보였다. 아내는 내게서 허황된 꿈을 좇는 이야기가 아닌 현실적인 생계를 해결해줄 수 있는 답을 듣고 싶었을 텐데 내 입에서 나온다는 소리가 고작 뜬구름 잡는 소설 같은 이야기뿐이다 보니 아내는 억장이 무너지는 심정이었을 것이다. 참다 참다 결국 아내는 또 눈물을 쏟아냈다. 나의 감정은 더 뒤죽박죽되었다. 분명 잘할 수 있을 것 같은데 아이가 엄마한테 떼쓰듯이 할 수 있는 노릇도 아니니 나 역시 힘이 빠졌다. 아내를 울렸다는 죄책감에 시달리며 그렇게 한동안 우리는 말이 없었다.

아내의 말이 맞았다. 이미 비현실적인 삶을 살고 있으면서 정작 그 대안은 구체적이지 못했고 현실적이지도 않았다. 더군다나 원하는 삶을 살아가려는 것도 아닌 오직 구겨진 삶을 벗어나고자 하는 부분에 초점을 맞춘 상태에서 조잡스럽기 짝이 없는 대안이었다. 언젠간 한 번 해보겠다는 막연한 일들을 현실로 당겨올 수는 없는 일이었다. 한 달에 삼백만원 벌기도 힘든 지금 세상에 지금 하는 일을 그만둔다고 해서 갑자기 두 배 이상을 벌 것이라는 생각도 지극히 비현실적인 발상이었다. 하지만 내가 이 상황을 해결해야 한다는 간절한 마음은 변함이 없었다.

그러나 더 중요한 것은 언제까지 아내와 등 돌리고 살 수는 없다는 것이었다. 세상 어떤 일이든 용기가 필요하다지만 특히 내가 낯설어 하고 쑥스러워하는 일에는 더 큰 용기가 필요했다. 비록 함께 사는 아내지만 내 속 마음을 전달하는데 여간 어색하고 쑥스러운 일이 아니었다.

"이게 내 최선인 것 같아. 지금보다 더 나은 삶을 살기 위해서 난 여기를 벗어나고 싶어. 어쩌면 생각했던 만큼 일이 안 풀릴 수도 있고 더 힘든 일이 기다릴 수 있을지 모르지만 난 정말 다시 예전의 모습으로 돌아가고 싶어."

용기 내어 아내에게 내 마음을 전달했다. 아내는 지쳐보였다. 그래도 내 마음이 전달되었는지 고개를 끄덕여줬다. 지금도 아내는 그때를 회상하면 내가 그렇게 말했어도 조만간 제 풀에 꺾여 다시 마음이 바뀔지도 모른다는 기대감도 있었다고 한다.

결국 난 내 인생에서 최후통첩을 받은 것만 같던 지난날들에게 도전장을 내밀었다. 두렵기도 했지만 한낱 배부른 소리였다. 나를 믿어주는 한 사람. 내가 지켜야 할 무언가가 존재한다면 어떤 난관도

헤쳐 나갈 수 있을 것 같았다. 비록 앞이 보이진 않았지만, 무한도
전이 될지 무모한 도전이 될지 판단할 수는 없었지만 분명 이 날들
이 입에 쓴 약이 될 것이라는 생각은 확신했다.

드디어 땅 밖으로

PART 04

안녕, 나의 신입사원

"선배님, 오셨습니까?"

일찌감치 출근한 신입사원이 제일 먼저 나를 반겼다.

"어, 그래."
"선배님 어디 편찮으세요? 안색이 안 좋아 보이는데….."
"아냐, 어제 잠을 좀 못자서….."

말끝을 흐린 뒤 다른 동료들과도 인사를 나누고 자리에 앉았다. 책상 위의 서류더미와 손때 묻은 필기도구가 그간의 세월을 말해주고 있었다. 책상 유리 사이로 반듯하게 자리 잡은 가족사진이 보였다. 이 책상 유리 아래에서 아이가 커가는 모습과 아내의 깊어지는 주름살을 볼 줄 알았는데 이제는 다른 이의 삶이 그려질 것이라는 생각에 못내 아쉬운 마음과 약간의 질투마저 생긴다. 여기에서 목소리를 냈었고, 여기에서 땀을 흘렸다. 여기에서 꿈을 꿨고, 여기에서 꿈을 키웠다. 과거를 담아 미래를 꿈꾸었던 날들이 스쳐지나갔다. '거듭남'을 위해 어제의 나와 작별을 고할 시간이 되었다.

'만약 나에게 이런 일이 일어나지 않았더라면….'

쓴웃음이 났다. 날 비웃는 그의 웃음소리가 들리는 것 같다. 혼이 빠질 것 같던 법원에서의 그날도 떠오른다. 딱 오늘까지만 기억하고 다시는 기억하지 않을 것처럼 연결된 과거를 끊어버린 후 남은 것은 모두 묻고 가겠다는 각오가 섰다. 사람이 떠날 땐 좋은 기억만 남는다는데 나 역시도 그랬으면 좋겠다는 바람이 생긴다.

사무실 동료들에겐 잠깐 나갔다 오겠다는 말을 남기고 자리를 비웠다. 그리곤 어디론가 발길을 향했다.

'사장실'

한참을 문 앞에서 머뭇거렸다. 노크를 하려고 손을 올리는 데 손은 왜 이렇게 무거운지 올렸다 내리기만을 수차례 반복했다. 용기 내어 문을 두드린 후 사장님 앞에 섰다. 냉정하게 말하려고 했지만 떨 듯이 나온 목소리 탓에 그 계획은 실패로 돌아갔다. 한 번의 마른침을 삼킨 후 입을 떼 보려 했지만 알 수 없는 침묵의 무게감에 짓눌려 자리에 멍하니 서 있을 수밖에 없었다.

"저, 그만 두겠습니다."

"...."

그는 당황스러운 듯 한동안 나를 빤히 쳐다봤다. 내 상황은 이미 알고 있었기에 힘들어 하고 있다는 것은 짐작하고 있었지만 이렇게 사표를 가지고 찾아올 줄은 몰랐다고 한다.

서로는 아무런 말없이 다른 곳을 응시하고 있었다.

"차 한 잔 하지."

숨소리조차 크게 들리는 침묵을 갈랐다.

"이게 최선인가?"

시험 문제의 다섯 개의 보기 중 두 개의 보기만 남게 됐을 때 고민 끝에 하나를 선택하게 된다. 지금의 선택이 정답일지 오답일지는 모르지만 적어도 정답지에 내린 답이 틀림없을 것이 생각한다. 지금 이 순간만큼은 축복이 내게 허락될 것 같은 기분으로 살고 싶었다.

"네, 그런 것 같습니다."
"그래, 언제이냐의 차이일 뿐 누구나 다 직장을 그만두게 되는 법이지. 디딜 발을 보고 다음 발을 내딛도록 하게."

가시방석 같은 자리에서 피하고 싶어 어색한 인사만 드리고 나왔다. 문 밖으로 나오니 그제야 긴장이 풀렸다. 이마의 땀이 눈썹을 타고 내려왔다. 이제 발걸음을 돌리면 정말 끝이었다. 돌아서는 발걸음도 무거웠다.

　　'세상에 회사 나가고 들어오는 사람이 어디 한 둘일까. 사는 게 다 그런 거지.'

　　애써 합리화 시키며 겨우 발길을 돌렸다. 영원한 건 없다는 말을 떠올리니 지금을 꼭 불행과 불운으로 결부시킬 필요가 없어보였다. 조급한 마음이 앞선 삶에서 가장 느린 발걸음으로 나의 길을 향했다.

　　"아니 왜 갑자기?"
　　"그냥 그렇게 됐다."
　　"그래도 다시 생각해보는 게 어때?"

　　회사에서 유일하게 친구사이로 지냈던 그가 날 막아섰다. 내 모든 사정을 알고 있는 그는 내가 경찰서를 들락거리고 재판을 받아야 하는 동안 날 대신해 많은 업무를 감수해야 했다. 밖에서 변호사가 날 변호하고 있을 때 회사 내에서는 날 위해 변호하고 있던 그였다. 내겐 울타리 같던 존재였다. 내 잘못도 아닌데 왜 가려고 하느냐, 세상이 얼마나 어려운데 왜 나가냐며 다시 생각해 보라고 말하기를 수차례. 묵묵히 듣고만 있던 내게서 나온 답변은 담담한 한마디였다.

"미안하다."

진지하지도 가볍지도 않은 대답에 그는 실망한 눈초리였다. 하던 일이나 잘 하라는 주변 사람들과 가족의 만류에도 아랑곳하지 않았던 나였는데 유독 그의 말에는 흔들리는 내가 보였다. 어쩌면 그가 나의 지원군이었음을 그의 온정에서 느껴본다. 안타까움과 미안함. 서로가 느끼는 다른 감정에 차마 눈을 마주칠 수가 없었다. 하지만 지금은 말하지 못하지만 나의 선택은 틀리지 않는다는 걸 증명해보겠다는 마음만은 전달되었기를 바랐다.

PART 05

모욕은 친구처럼

퇴사 후 6개월 동안 모집 공고만 보면 자동적으로 '지원하기'를 클릭했다. 그러나 지원만 하면 떡하니 붙을 줄로만 알았는데 낙타가 바늘구멍 들어가기보다 어렵다는 취업 문턱을 피부로 실감하며 낙방의 쓴맛만이 진하게 남았다.

단순히 지금 다니는 직장이 싫어서 떠나는 것이 아니었는데 목적을 상실하고 있었다. 월급 조금 더 받을 회사를 가려는 것도 아니었다. 지금 다니는 회사보다 급여를 많이 쳐준다는 곳도 없었다. 어제와 똑같은 삶을 벗어나려고 하면서 어제처럼 살려고 하는 모습이 한심하고 분했다.

'내가 좋은 직장 구하자고 이 결심을 했나?' 머리가 아려왔다. 몇 시간째 책상에 앉아있던 탓에 굳어버린 허리를 비틀어 펴고 바닥에 누워 불빛을 응시했다가 눈을 감는다. 불빛을 뿜고 있는 형광등의 형태가 잔상이 되어 눈꺼풀에 맺힌다.

무언가 생각을 정리해야할 땐 그대로 바닥에 눕는 버릇이 있다.

이렇게 하면 온 몸의 에너지가 전신에 골고루 분산되는 느낌을 받게 되는데 지나치게 감정에 치우칠 때 이성을 찾게 해주는 방법이다. 머릿속이 복잡할 땐 술에 취한 것처럼 빙빙 도는 느낌을 받기도한다. 이때가 그랬다. 한 번이면 족할 치욕이지만 끊임없이 받아왔던 모욕, 밤새 흘렸던 눈물이 떠오르자 술에 취한 듯 어지러웠다. 지하로 꺼진 삶을 양지로 끌어 올리고 과거를 넘어서야 하는 결심을해야 하는 순간을 다른 학교에 전학 가는 것 마냥 단순하게 생각하려는 내 자신을 경계했다. 결국 일을 그르칠 수밖에 없다. 사람은 생각대로 살아진다고 했다. 그렇지 않으면 사는 대로 생각하게 된다고 했다. 그렇다면 얼마나 생각을 잘해야 하는지가 느껴지는 대목이다.

누군가의 동정도, 나를 자신들 인생의 반면교사 삼는 시선도 거부하고 싶었다. 고인 물처럼 썩느니 어디로라도 흘러가고 싶었다. 설령 생각과 결심대로 살아지지 않을지라도 말이다. 피하지 말고여기에서 승부를 보고 싶었지만 마음속 한 곳엔 두려움도 자리하고있다는 것도 사실이다. 그러나 나는 잘 알고 있다. 모두 나의 몫이라는 것을 말이다.

여기 '다 잘 될 거야.'라는 주문을 외우고 있는 불행한 자가 있다. 결과는 신이 정해주는 것이라 믿는 내가 눈앞의 불행을 극복하기위해 내일의 희망에 모든 걸 걸기로 했다.

서서히 눈을 떴다. 반 수면상태에서 깨어난 기분이다. 막막하던 삶이 한 순간 펴지는 것은 아니지만 내가 만들어야할 길의 이정표 정도는 다시 찾았다며 입술을 굳게 다문다. 만약 삶에도 혁명이 있다면 내겐 지금이 혁명의 순간이었다. 혁명은 낡은 것들과의 결별을 의미한다. 그리고 혁명이 일어나기 위해선 주동자가 필요하다. 내 삶을 주무를 수 있는 주동자의 정체는 단연코 '나'하나 뿐이었다. 가슴이 뛰었다. 하지만 설렘만이 가져다 준 감정이 아니었다. 최악 그 이상의 최악이 있음을 이미 몸으로 깨우친 뒤였다. 혁명의 기간이 얼마가 될지도 예상할 수 없다. 내가 틀리지 않았음을 증명하기 위해 증발되는 삶은 피해야 했다. 〈미생〉의 한 구절이 떠오른다.

"호랑이 등에 올라타고 이젠 내리고 싶어도 내릴 수 없게 됐다. 겁먹으면 지는 거다."

PART 06

성장통

야심차게 내딛은 첫발이었다. 불과 몇 개월 만에 내가 사는 곳과 만나는 사람, 그리고 해야 할 일들 모든 것이 달라졌다. 사람이 갑자기 변하면 죽는다는 우스갯소리도 있지만 적어도 난 그런 각오로 다시 시작하겠다며 마음먹었다. 하지만 모든 게 낯설었고 적응하기도 생각만큼 쉽지 않은 일이었다. 수개월이 채 지나기 전에 내가 생각하던 삶은 욕심에 반비례했다는 것을 깨달았다. 척박하기만 한 세상에 혼쭐이 나고 있는 것만 같았다. 현실의 벽을 실감하자 세상이 더 두려워지기 시작했다.

지난 몇 년을 벼랑 끝으로 몰리는 심정으로 살다보니 더 이상 추락할 곳도 없다고 생각했지만 우습게도 끝없이 나약해질 수 있는 것이 사람 마음인 듯 했다. 몇 번이고 처음부터 다시 시작할 수 있다는 용기의 이면에는 연속되는 좌절감에 더해진 고독감만이 진하게 남아있었다. 그래도 다행인 것은 죽지 않을 만큼의 고통을 감내할 수 있는 담담함이 생겼다는 것이다. 예상하고 맞는 매도 아픈 것은 매한가지였다. 지금의 고통이 성장통이라면 성장통도 꽤 아픈 고통이었다.

인간이 성장을 하는 데에는 어떠한 계기가 있기 마련이다. 그리고 그 계기란 대부분 시련과 실패 그리고 아픔과 시행착오에서 오는 통증을 동반한다. 간혹 "미리 알았더라면 이렇게 살지 않았을 텐데…"라며 아쉬움을 드러낼 때가 종종 있지만 이것은 거의 실현 불가능한 일이다. 불에 데어봐야 뜨거운 줄 아는 게 사람이라는 말이 있듯 뜨거움을 느끼기 전까진 내가 행하는 모든 일이 다 옳은 것처럼 느껴지곤 한다. 설령 누군가가 뜨거울 테니 다가가지 말라는 조언을 해주어도 기어코 뜨거움을 맛봐야 직성이 풀리는 게 사람이다. 하지만 그게 틀렸을지는 몰라도 꼭 나쁜 것만은 아니다. 우리는 그때그때의 선택을 함에 있어서 발휘 할 수 있는 모든 기운을 끌어모아 결정을 하기 때문에 그 행위 자체로는 좋고 나쁨을 판단할 수는 없다. 다만 그에 따른 결과를 감당할 수 있는지에 따라 인생이 달라지는 것이다.

난 나의 선택과 행동에 대한 결과를 감당하고 있었다. 그 선택에 대한 책임을 말이다. 선택이란 어쩌면 인생에서 가장 큰 용기를 필요로 하는 것 또 어쩌면 가장 큰 기회비용의 대가를 치러야할 것이라 정의내릴 수 있다. 나에게 최근 몇 년은 태어나서 가장 큰 용기를 냈던 순간임과 동시에 가장 큰 대가를 치르는 시기였다. 사람은 대가를 치러야한다. 무언가를 배우기 위해서는 나의 시간과 노력

그리고 수강료라는 대가를 치러야하고, 사랑하는 사람을 만나기 위해서는 나보다 사랑하는 사람을 먼저 생각하는 대가를 치러야 하는 것이다. 인생은 지금 나에게 너 스스로가 벌인 일이니 그만한 대가를 치러야 한다고 말하고 있었다. 인정하고 싶진 않지만 나를 가로막고 있는 현실의 벽을 느끼면서부터 인정해야 했다. 이번에도 불에 데어보니 뜨거운 줄 알게 됐다. 자존심이 상해도 어쩔 수 없는 일이었다.

인정한다는 것은 곧 나를 알아간다는 의미이다. 나 자신을 알아간다는 것. 나에겐 익숙하지 않은 일이였기에 연습이 필요했다. 누구라도 자신의 치부는 보고 싶지 않을 것이다. 자신의 부족함을 드러내고 싶은 사람이 어디 있을까? 마음은 날 똑바로 쳐다보고 있다고 생각했지만 실상은 곁눈질로 바라보다 곧 회피하기 일쑤였다. 누군가 내 일기장을 훔쳐보는 것 같은 부끄러움이 밀려왔다. 이럴 땐 내 모습도 멀리 떨어져서 바라 볼 필요가 있다. 바둑이나 장기를 둘 때 내가 두어야 할 자리는 잘 보이지 않으면서 남에게 훈수를 둘 때는 훤히 보이곤 하는 것처럼 말이다.

고개를 들어 멀리서 바라본 난 섬에 갇혀 사는 외로운 모습이었다. 날 둘러싸고 있던 많은 연결고리들은 이미 녹이 슬거나 끊어지고 없었고 난 그 광경을 초점 없는 눈동자로 멀리서 응시하고 있을 뿐이었다. 받아들이고 있는 건지 체념하고 있는 건지 난 소리 없이 흐느끼고 있었다.

세상은 내게 욕심이 전부가 아니라는 것을 말해주고 있었다. 화분에 너무 많은 물을 주면 뿌리가 썩고 너무 많은 햇볕을 받으면 잎이 타버리는 것처럼 말이다. 맹목적인 목적의식이 불러일으킨 결과는 빛을 질투하는 어둠을 선택하게 만들었다. 깊은 상실감에 빠진 나는 벌을 받는 기분이었다.

다행히도 고통을 헤쳐 나가며 깨달은바 한 가지는 불필요한 감정은 사치에 불과하다는 것이었다. 그리고 무언가 선택을 해야 할 때 어린 아이의 눈으로 바라보는 것 그리고 어린 아이의 상식에서 옳다고 여겨지는 것이 가장 정확한 답이라는 것을 알았다. 틀린 것을 알았으니 답도 보였다. 빛과 하나가 될 수 있는 포용력과 가정법이 아닌 현재형 인간이 되어야 했다.

"만약 그때 이 일이 일어나지 않았더라면…"

실현 불가능한 일에 집착할수록 시간 낭비라는 것은 명백한 일이었다. 가정법의 삶 대신에 현재에 충실한 삶을 살아가는 것. 세상이 만약 나에게 벌을 내린 거라면 나에게 내리는 마지막 선처가 될 것이라 생각됐다. 태양을 보고 싶다고 해서 태양을 눈으로 바라볼 수는 없는 일이다. 하지만 강에 비친 태양은 일렁이는 물결을 따라 때로는 여러 갈래의 빛으로 때로는 무지개가 되어 눈과 마음으로 온전히 새겨지는 법이다. 필요하다면 돌아갈 수도 있고 우회할 수도 있다. 나의 삶이 온전히 나의 것이 될 때 유일한 삶을 허락받게 될 것이었다.

PART 07

300번 버스

버스정류장은 하루라는 무대의 시작과 끝을 알리는 공간이었다. 무대라는 단어가 삶에서 익숙한 단어는 아니지만 무대 뒤에서 차례를 기다리는 것이 얼마나 떨리고 두근거리는 일인지, 무대를 마치고 내려오는 것은 또 얼마나 아쉽고 미련이 남는 일인지는 알 수 있다. 그렇게 난 매일을 기대와 아쉬움으로 살았다.

300번 버스는 늘 만원이었다. 빈자리가 있는 날이면 운이 좋은 날이라며 하루의 운세를 점쳐가며 버스에 오르곤 했다. 온 동네를 휘젓고 다니는 버스였기에 어르신들도 많이 타셨다. 운 좋게 자리에 앉더라도 몇 정거장 못가서 일어서는 일이 잦아지자 시간이 지나니 오히려 서 있는 게 익숙했다. 혹시라도 손잡이마저 잡을 수 없는 날이면 있을 곳 잃은 두 손을 가슴팍 위에 가지런히 포개어 심장 소리에 맞춰 박자를 타곤 했다. 흔들리는 버스 리듬에 몸을 맡길 때면 하루를 시작하기도 전에 진이 빠지곤 하지만 이렇게 어김없이 찾아오는 하루의 시작과 끝에 대한 감사는 빼놓지 않았다. 감사하는 마음이 있기에 내가 마주하는 상황에 대한 해석을 긍정적으로 바꿀 수 있었다. 상황을 바꾸긴 어렵지만 상황을 대하는 감정만은 주도할 수 있기에 힘에 부치는 일이 있더라도 곧 회복할 수 있었다.

그나마 퇴근하는 길은 여유가 있었다. 딱히 한 게 없는 것 같은데 버스에 올라타면 몸은 저절로 의자 깊숙한 곳을 찾는다. 자리에 앉아서 하는 일이란 잠을 자거나 창밖의 풍경을 보는 일이 대부분이다. 야경은 늘 감탄을 자아냈다. 화려한 조명을 켜 둔 거리에는 많은 사람들이 저마다의 삶을 누리고 있었다. 팔짱을 낀 채 걷는 연인들, 손님들로 가득 찬 가게들, 엄마 아빠 손을 꼭 잡은 아이들이 환한 조명보다 더 밝게 웃는 모습이 보였다.

화려한 조명들이 길 뒤로 희미해지자 하늘의 별이 눈에 들어오기 시작했다. 조명에 가려진 별들이었다. 누가 보지 않더라도 늘 같은 자리에서 빛을 뿜어내고 있었을 생각에 마음이 숙연해졌다. 태양보다 화려하지 않고 달에 가려지면 보이지도 않지만 묵묵히 한 자리에서 빛을 내는 것이 별이다. 본연의 삶을 마친 후 우주 저편 어딘가에 떨어지더라도 보는 이들로 하여금 눈을 감고 소원을 빌게 만드는 것이 별이다. 별은 태양처럼 스스로 빛을 낼 수 있는 유일한 존재다. 난 이제껏 누구에게 보여 지는 삶을 살려고 하진 않았을까, 스스로 빛을 내기보다 날 알아주지 않는 마음에 오히려 원망하며 살진 않았을까. 시공간의 차이가 있을 뿐 누구나 별이 된다. 큰 별이 될 수도 있고, 작은 별이 될 수도 있다. 모이면 사람들이 탄성을 자아내는 88개의 별자리가 될 수도 있다. 언젠간 내게도 반짝이는 날이 올 것이다. 오지 않은 두려움에 지레 겁먹을 필요도 없고, 언제 올지 모르는 행복에 미리 취해있을 필요도 없다. 오직 내가 가진 진심으로 하루하루를 정성껏 살아간다면 충분하다. 내가 가진 별을 더 빛내기 위해 어두운 곳에 있을 뿐이라고 여기니 마음이 한결 가벼워졌다. 어둠이 짙을수록 별은 더 반짝이는 법이다. 난 그런 존재다.

PART 08

좌, 꺽, 우, 우!

동이 트자마자 길 건너 전신주에서 구인 광고지 몇 개를 들고 왔다. 몇 년 전만 해도 맨 뒷장 퍼즐 맞추기 게임을 하려고 들고 왔던 구인 광고지가 이젠 달리 보였다. 아직 원하는 만큼. 아니 필요한 만큼의 급여를 받지 못하고 있었다. 자존심만 내세울 필요가 없었다.

얼마 전 놀이공원에서 삐에로 분장으로 몇 시간을 서있는 사람에게 기자가 질문을 던졌다.

일하면서 쑥스러운 순간은 없었냐는 질문이었다. 그 남자는 남들에게 창피한 것보다 아빠 노릇을 못하는 게 창피한 일이라고 말했다. 명답이었다.

좀 더 사람 노릇을 잘해보자는 삐에로와 같은 마음으로 구인 광고지를 살폈다. 빼곡하게 모여 있는 구인광고들을 보니 마음만 먹으면 쉽게 구할 수 있을 것 같았다. 하지만 대부분의 회사들이 기술직을 원하고 있어 전선에 전기테이프 감는 것도 어려워하는 나에게는 그것마저도 높은 벽이었다. 요즘 "문과 출신이라서 죄송합니다."라는 말을 줄인 "문송합니다."라는 말이 딱 나를 두고 하는 말 같았다.

빨간색 네임펜으로 엑스가 채워지고 있을 때 귀퉁이에 '신문 배달원 모집'이라는 굵은 글씨가 보였다. 딱히 기술도 필요 없고 새벽에 잠깐 나가 운동 삼아서 하면 좋겠다는 생각이 들었다. 그래도 할 게 있어서 다행이다 싶었지만 곧 망설여졌다.

"혹시 아는 사람이라도 만나면 어떡하지?"
"뭐 어때? 남들도 다 하는 건데."
"내가 고작 이런 거 하려고⋯."

나를 주저하게 만드는 질문들이 수없이 떠올랐지만 나를 움직이게 만드는 질문들은 떠오르지 않았다.

나치 강제 수용소를 배경으로 한 〈죽음의 수용소에서〉의 저자 빅터 플랭크는 '상황을 바꾸는 것이 더는 불가능할 때, 우리는 스스로를 변화시켜야 한다.'고 했다. 상황과 환경을 탓하는 것은 더 이상 무의미했다. 내게 필요한 것은 살아야 하는 생존 수단을 찾아가는 것뿐이었다. 무엇보다 될지 안 될지도 모르는데 미리 걱정할 필요는 없었다. 전화나 해보자하는 마음에 전화번호를 눌렀다. 신호대기음이 길어질수록 긴장감이 더해졌다.

"여보세요?"

전화기 너머로 굵직한 남자의 목소리가 들렸다.

"안녕하세요. 사람 뽑는다고 해서요…."
"점심에 한 번 들르세요."

몇 가지만 물어보고 차근차근 생각해봐야지라는 생각이었지만 머뭇거릴 새도 없이 점심에 면접을 보러 오라며 시간 약속까지 정하고 말았다. 면접이라고 해봐야 내가 과연 일할 만한 사람인지, 배달을 해야 되니 오토바이나 운전을 할 줄 아는지를 확인하는 자리일 텐데 괜히 긴장이 됐다. 약속 시간 보다 이십여 분 일찍 도착해 그 앞을 서성거렸다. 문은 잠겨있었다. 어정쩡하게 서 있는데 어느 한 사람이 다가와 인사를 했다. 이 곳 사장님이었다.

"오셨어요? 찾기 어려울 텐데 잘 찾아오셨네?"

투박한 말투 그대로의 인상이었다.

비밀번호를 누르는 그를 따라 들어간 사무실은 조그만 책상 하나에 소파 몇 개가 자리하고 있었다. 그렇게 형식이라곤 찾아볼 수 없는 면접이 시작됐다.

"배달일 해보셨어요?"
"아뇨, 이런 일은 처음입니다."
"일이 어렵진 않은데 새벽에 하는 일이라 제 시간에 안 나오는 사람들이 종종 있어요."

그럴 때면 사장님은 직접 새벽에 나가서 사람들과 같이 신문을 돌린다고 했다.

"한 6개월 정도만 해줘도 좋겠는데 하실 수 있으시겠어요?"

난 책임감 있게 할 수 있다는 말까지 더해가며 적극적으로 어필했다.

"그럼 저희 부장이 연락드릴 테니 내일 만나서 시작해보세요."

커피 한 잔이 식기도 전에 끝나버린 면접이었지만 성심성의껏 봤다는 뿌듯함으로 계단을 내려왔다.

불현 듯 나의 20년 전 모습이 떠올랐다. 초등학생 시절이었을 것이다. 어느 날 같은 반 친구가 운동 삼아 신문배달을 해보는 게 어떻겠냐며 나에게 물었다. 어린아이가 무슨 일이냐며 손사래를 쳤지만 용돈을 벌 수 있다는 말에 호기심이 생겨 곧장 신문 보급소에 들러 일을 시켜달라고 졸라댔다. 사장님은 아직 어린 아이이니 부모님의 동의가 필요하다며 어머니와 통화를 해야 한다고 하셨다. 당시에는 휴대전화라는 개념이 없었기 때문에 어머니가 집에 계시지 않으면 통화가 될 수 없었다.

"제발, 제발, 제발."

주문을 외우듯 제발 어머니가 집에 계시기를 간절한 마음으로 빌었다.

"여보세요?"

수화기 너머로 어머니 목소리가 들렸다. 다행이었다. 1분이나 지났을까 어머니가 나와 통화를 원하신다며 사장님이 나를 바꿔주셨다. 어머니는 거의 울먹이는 말투로 내게 왜 일을 하려고 하냐며 집으로 어서 오라고 하셨다. 어린 아이 마음에도 뭔가 잘못된 느낌을 받아 친구와 인사를 한 후 집으로 향했다. 어머니는 이미 동네 어귀부터 나오셔서 나를 기다리고 계셨다. 어머니는 나를 잡아 나르듯이 집으로 데려 가셨다.

"누가 너보고 일하랬어?"

생각지 못한 반응이었다. 어머니는 넉넉하지 못한 살림이지만 자식 기죽이고 고생시키는 일은 절대 안하시겠다며 근심 가득한 목소리로 날 타이르셨다. '운동 삼아서'라는 순수한 마음으로 시작하려 했던 일이었는데 괜히 걱정만 끼쳐드린 게 돼서 본전도 못 찾은 꼴이 됐다.

'이젠 운동 삼아서가 아니구나.'

어린 나의 기억들과 지금의 내가 만나니 씁쓸한 미소만 남았다.

다음날 약속한 편의점 앞에서 부장이라는 사람을 기다렸다. 5분 정도 기다리니 멀리서 오토바이 한 대가 모래바람을 일으키며 달려왔다.

"안녕하세요."

모래바람을 가리는 마스크를 내리니 투박한 말투 그대로의 인상이 보였다. 신문배달은 인상이 이래야 하나라는 생각마저 들었다.

그는 자신을 '최부장'이라고 소개했다.

"뒤에 타요. 한 이틀 정도는 동네를 익혀야 되니깐 잘 따라다니세요."
"근데 오토바이는 탈 줄 아세요?"

오토바이는 대학 시절 배달 아르바이트를 하던 도중 빗길에 넘어져 사고가 난 이후로는 근처에 얼씬도 하지 않았다.

"아뇨, 차로 배달할겁니다.
"오토바이가 편할 텐데, 아무튼 타요."

혹시라도 떨어질지도 모른다는 공포감을 안은 채 뒷자리에 매달려 동네 구석구석을 돌아다녔다. 골목길 반사경마다 대롱대롱 매달려 있는 내 모습들을 찍혔다. 그럴수록 난 그의 허리춤을 더 세게 부여잡았다.

"이제부터 배달해야 되는 집을 알려줄 거예요. 길 잘보고 외워요."

눈으로 외우는 데는 한계가 있겠다 싶어 필기도구를 꺼냈다. 달리는 오토바이 위에서 중심을 잡으려고 하니 허벅지에 힘을 더 실을 수밖에 없었다.

"좌, 꺾, 우, 우"

좌회전 후 꺾어서 우회전을 두 번하면 집이 나온다는 뜻이었다. 새벽엔 어두워 길이 잘 보이지 않으니 배달 가는 길을 구분하기 쉽게 기호와 약어들로 만든 그들만의 시스템이었다. 간단해 보이지만 이 집이 저 집 같고, 이 골목이 그 골목 같은 곳에서 기호를 보고 집을 외우는 일이란 쉽지 않았다. 그렇게 약어들을 해석하려 애쓴 이틀간의 견습이 끝났다. 내 다리보다 넓은 오토바이의 뒷자리에 몇 시간을 앉아있었더니 허벅지가 아려왔다. 수고했다며 기념으로 편의점에서 음료수를 마시는데 그가 내게 물었다.

"신문배달은 왜 하려고 해요?"

"시간이 좀 남아서요."

배달일을 하기 전 누군가 나에게 이런 질문을 한다면 대답하겠노라는 생각으로 준비해놓은 답변이었다.

"말 같지도 않은 소리하네."

그는 어의가 없다는 듯 고개를 저었다.

"시간이 남아서 배달하는 사람이 세상에 어디 있어? 다 먹고 살려고 하는 거지."

맞는 말이었다. 예쁘게 포장해 놓은 나의 모범답안은 포장지 안을 들킨 것 같은 창피함과 무안함에 뜯겨져 버렸다. 그 분 말처럼 난 시간이 남아서, 하고 싶어서 한 게 아니었다. 어쩔 수 없는 나의 선택이었다. 내게 주어진 역할 속에서 내가 감당해야 할 현실의 몫이 있었기에 그것을 인정하고 해결하려 했을 뿐이었다. 그 방법이 옳든 그렇지 않든 난 내 삶에 충실하기를 선택했던 것이고 그 방편으로 신문배달을 선택한 것이었다. 누군가에게 도움을 청하거나 손도 벌리고 싶었지만 내 힘으로 이기고 싶었다. 그게 전부였다.

"내일 새벽 두 시까지 와요."

그는 이 말을 남기고는 오토바이를 타고 홀연히 자리를 떠났다.

11월을 훌쩍 넘긴 새벽 공기는 유난히 차가웠다. 신문보급소에 도착하니 먼저 도착한 7명 남짓의 사람들이 무언가 분주하게 움직이고 있었다. 모두 나보다는 다 연배가 있으신 분들이셨다. 내가 할 일은 간단했다. 새벽 1시 반에 일어나 2시경에 신문 보급소에 도착해서 배달할 신문을 분류한 다음 그 신문들을 차에 실어 배달하면 끝이었다. 이틀 동안 배달할 곳을 다녀왔고 배달 시작 전에 지도를 보며 머릿속으로 되새김질까지 했으니 별 문제 없을 것이라 생각했다. 총 100부를 배달해야 했다. 한 번 해보자라는 기합을 넣고 신문들을 차에 가지런히 실어 출발했다. 그런데 첫 번째 집부터 난관이었다. 대낮에 보는 동네와 새벽에 보는 동네의 모습은 확연한 차이가 있었다. 골목길이 모두 똑같아 보여 한 치 앞도 분간이 가질 않았다. 분명 왔던 곳인데 처음 오는 곳 같은 기분 탓에 남들이 한 시간 만에 끝낼 일을 난 세 시간이 넘게 걸렸다. 날은 어둡고 요령도 없는 터라 집집마다 넣어줘야 할 신문들을 분류하는 데에만 한 시간이 넘게 걸렸다. 처음 왔다고 알려주는 사람도 없고 처음이라고 도와주는 사람도 없었다. 모두가 내가 알아서 헤쳐 나가야 했다.

한 번은 늦잠을 자는 바람에 평소보다 한 시간 늦게 시작을 했다. 날은 밝아오고 아직 배달해야 할 신문은 많았다.

"으악!"

급한 마음으로 운전을 하던 도중 주변을 못 본 탓에 그만 난간으로 차가 걸려 넘어져 절벽에 대롱대롱 매달렸던 적도 있었다. 밑에 사시던 집 주인은 무슨 소리인가 하고 나오셨다가 차가 매달려 있는 걸 보시더니 술 취한 사람인 줄 알고 신고하려고 했다. 차에서 나오지도 못한 채 주인 아저씨께 신문배달하다 그랬다는 자초지종을 설명한 끝에야 진정시켜드릴 수 있었다. 하마터면 난간에서 굴러 떨어질 뻔한 일이라 지금 생각해도 아찔한 기억으로 남는다.

'가볍게' 하루에 두 세 시간만 투자하면 되는 줄 알았던 일은 그렇지 않았다. 그 시간으로는 신문 분류하기도 벅찼던 것이다. 결코 가볍지 않은 마음으로 매일 6시간은 일을 했어야 했다. 당연한 일이겠지만 그렇게 며칠 지나자마자 내 바이오리듬은 붕괴되기 시작했다. 배달 일이 끝나면 집에 가자마자 잠이 들었고 하루 종일 아무것도 할 수 없었다. 점심 즈음에 일을 나가면 밤 10시가 넘어서야 들어왔는데 잠깐 눈을 부치고 새벽 1시 반에 일어나 신문을 배달하러 간다는 건 생지옥이 따로 없었다. 하루하루가 지날 때마다 몰골은 말이 아니었다. 운동으로도 잘 안 빠지는 살이 한 달 사이에 8킬로그램이 빠진걸 보면 어설프게 시작한 초보가 감당하기엔 벅찼던 게 분명했다.

그렇게 한 달이 지났을까. 제법 일이 손에 익어갔고 일하는 시간도 조금씩 줄일 수 있었다. 헐레벌떡 배달만 하던 때는 신문을 넣어야할 집들만 보이더니 이제 주변이 보이기 시작했다.

"낮에 봤던 교회, 사람들로 붐비던 음식점들이 여기 있구나."

크게 숨을 들이쉬면 콧속에 들어온 맵찰스런 새벽 공기가 온몸을 감싸고도는 것을 느끼는 여유마저 생겼다. 신문을 돌리면서 세상에 나보다 일찍 일하러 나온 사람이 있을까라는 생각을 했었다. 적어도 청소하시는 환경미화원 아저씨들, 새벽 장사를 하러 나오신 음식점 사장님들, 새벽 예배를 드리러 오시는 분들을 보기 전까진 그랬다. 이게 무슨 고생이냐며 생각했던 나에게 삶의 무게감을 이기며 책임감 있게 살아가시는 분들의 모습들은 내게 소리 없는 채찍질을 해주는 것만 같았다.

큰 울타리가 쳐있는 공장에 신문을 넣을 때 가장 먼저 출근 하는 사람과 마주하게 되는데 가장 먼저 출근 하는 사람은 다름 아닌 그 공장의 사장들이었다. 비가 오나 눈이오나 가장 먼저 출근하는 사람은 사장인 것이다. 그들 역시 어깨에 내려앉은 책임감이 출근길을 서두르게 만들었을 것이라 생각이 들었다. 내가 하루를 이겨내야 내 밑에 있는 직원들 그리고 그의 가족들이 살아갈 수 있을 것이라는 책임감. 피곤하지만 일찍 출근하는 게 불행한 일도 아니고 싫어해야 할 일도 아니었다. 내 삶의 주인은 나라는 것. 내가 선택한 일에 대해 내가 책임을 진다는 것 그것이 책임감 있는 삶이었다.

의도치 않는 다이어트 효과를 보며 일했던 신문배달은 누군가에겐 처량한 신세처럼 보였을 것이다. 아무에게도 말 못하고 피곤함을 버티며 해왔기에 나 스스로도 당당하진 못했다. 가끔은 내 자신이 처량하고 불쌍하게 여겨지기도 했으니까 말이다. 하지만 그들의 세계 속에서 봤을 때 그 일 역시 그들에겐 소중한 직업이고 누군가를 책임져야 하는 수단으로써의 막중한 임무임이 분명했다.

우린 시간이 남아서 일을 하는 게 아니다. 시간을 쪼개고 시간을 내서 일을 하는 것이다. 일이라는 것이 자아실현이라는 거창하고 궁극적인 목적이 있다지만 내가 책임져야할 내 삶, 그리고 내가 책임져야할 누군가라는 그 본연의 의미가 우리에게는 더 소중할지 모른다. 소중한 것을 지키기 위해 우리는 어떠한 모습과 역할에서 최선을 다하는 삶을 사는 것이다. 그 뿐이다.

PART 09

장모님의 일기장

"벌써 시간이 이렇게 지났나?"

손톱을 자를 때가 된 걸 보니 열흘 정도 지난 것 같았다. 손톱이 자란걸 보면 며칠이나 지났는지 짐작할 수 있어서 손톱시계라고 부른다. 무언가에 빠져 시간 가는 줄 모르고 있다가 배꼽시계가 허기를 일깨워주듯이 정신없이 살고 있다가 한 번씩 뒤돌아보게 해주는 역할을 하는 게 손톱이었다. 수만 장의 신문을 만진 덕에 손가락 지문엔 시커먼 때가 껴있었다. 비누로 씻으면 지워질까싶었지만 손가락만 빨개질 뿐 별반 차이가 없었다. 세면대 위로는 오래되어 뿌옇게 변한 거울이 있다. 거울 속으로 내가 보였다. 많이 고단해 보였다. 헝클어진 머리, 어두운 피부색에 푸석한 얼굴이었다. 눈 밑의 짙은 그림자는 핏기 없는 얼굴과 더해져 유독 더 수척하게 보였고 남자답지 못한 가냘픈 수염 가닥들은 듬성듬성 자리를 잡고 있었다. 바지는 허리춤 사이로 주먹 하나가 들어가고도 남았다. 흘러 내려가는 바지를 잡기 위한 방책으로 송곳을 찾아 허리띠에 구멍 두

개를 더 뚫었다.

뚫린 구멍으로 허리를 맞추니 양쪽 허리로 남는 만큼의 바지 주름이 잡혔다. 마치 누군가가 내 허리춤을 움켜쥔 듯 옷매무새가 몹시 엉성해보였다.

"벌써 그만두면 어떡해요!"

사람 구하기도 힘든데 이렇게 갑자기 그만두면 어떻게 하냐는 것이었다. 완고한 태도를 보이자 배달할 구역을 줄이면 어떻겠냐며 나를 회유하기에 이르렀다. 일을 시작하던 날 오래하겠다던 약속을 했던 생각에 죄송한 마음이 들어 몸을 웅크릴 수밖에 없었다. 옆에서 부장님까지 거들었지만 그런다고 쉽게 마음이 바뀌진 않았다. 앞으로 열흘을 더 한 후 그만두기로 서로 합의를 보고 나왔다. 후련했다. 이제야 일이 손에 익긴 했지만 시간이 부족해 더 이상은 하기 힘들었기에 어쩔 수 없는 일이었다.

"손톱 한 번만 더 깎으면 끝이겠구나."

이제 끝이라는 생각이 들자 피곤함이 몰려왔다. 열흘 후에는 굶어도 좋으니 48시간은 자야겠다는 생각이 머릿속을 지배했다. 그렇게 열흘이 지났을 땐 무척 홀가분한 마음으로 집에 들어왔다. 마지막 정산할 일이 있어 평소보다 조금 늦게 들어왔다. 아내에게 쥐어준 돈이 90만 원이었다. 찬바람을 이겨가며 일한 것 치고는 너무

야박하다는 생각도 들었지만 그 돈을 받으면서 아내는 고맙다고 내게 말했다. 대충 씻고 누워 잠을 청했다. 생각보다 쉽게 잠이 오진 않았다. 이제는 마음만 먹으면 얼마든지 잘 수 있다는 생각이 들어서일까 자고 싶다는 간절함이 사라졌다. 가질 수 없을 땐 무슨 수를 써서라도 갖고 싶다가도 막상 갖고 나면 곧 흥미를 잃어버리는 것이 사람 욕심이라는 데 내가 꼭 그랬다. 잡념 없이 온 몸을 비워내듯 누워있을 수 있는 지금에 감사했다.

오기를 부려가며 누워 있기를 두어 시간. 얼마가 지났는지 보려 시계를 보니 정오가 가까워졌다. 낯선 고요함에 몸을 일으켰다. 바깥세상이 온통 눈으로 덮였다. 눈이 오면 곧잘 감상에 빠지는 편인데 이번엔 달랐다. 이런 날에도 신문배달을 했다면 분명 고생 꽤나 했을 것이라는 생각이 들었다. 아직 남아계신 아저씨들께는 죄송한 말씀이지만 그만두길 잘했다는 생각마저 들었다.

눈은 세상을 평등하게 만드는 힘을 가지고 있다. 좋은 차, 좋은 집, 잘 살고 못 사는 모습 상관없이 모든 걸 공평하게 포장해준다. 하늘이 보기엔 이런 건 중요한 게 아니라는 듯이 말이다. 물론 눈이 녹으면 모든 실체는 밝혀지겠지만 아무 것도 안 보이는 지금을 오랫동안 눈에 담고 싶었다. 지상에 반사된 햇살이 얼굴을 때렸다. 한파의 날씨라지만 따스함마저 느껴졌다.

장을 보러 간다던 아내가 들어왔다. 내가 어쭙잖게 일 하겠다며 나가있는 동안 아내도 어린 두 아이를 돌보느라 고단했을 것이다.

주변에선 친정어머니나 시어머니가 종종 왕래하시면서 애들도 봐주시고 하는데 우리는 양가 모두 멀리 떨어져 지내는 터라 그런 호사를 자주 누리지 못한다. 경조사가 있거나 크게 마음을 먹어야 한 번씩 내려갈 수 있는 곳이 고향이었다. 연고도 없는 곳을 나만 믿고 따라온 아내인데 도와주지도 못하는 상황에 미안함이 컸다. 남자가 밖에서 일한다고 위세만 떨 일도 아니었다.

"내려갔다 올까?"

이게 내가 해줄 수 있는 최선인 것 같았다. 아이가 집에 오면 제일 먼저 찾는 것도 엄마고, 심술이 나고 짜증이 나도 제일 먼저 생각나는 게 엄마라는 존재다. 아내에게도 지금 엄마가 필요할 것 같았다. 내가 만져주지 못하는 무언가가 있을 것 같았다. 지쳐 보이는 아내에게 장모님 곁에서 조금이라도 마음 편히 있다오는 게 아내에게 제일 필요한 처방전일 것 같았다.

"길 얼지 않았을까?"

평소 같았으면 "왜?"라는 말이 먼저 나왔을 것을 도로 걱정부터 하는 걸 보니 마음에 두고 있었던 것이 분명했다. 표정을 숨길 수 없는 아내의 얼굴에서 어린이집 차에서 엄마를 보며 내리는 아들 녀석의 표정이 보였다. 엄마 마음 다 똑같고, 자식 마음 다 똑같다는 어머니 말이 떠올랐다.

"출근 안 해도 돼?"라고 묻는 아내에게

"응, 휴가 쓰면 돼."라고 답했다.

출근 하라고 해도 가면 안 될 분위기였다. 비로소 정말 가는 구나라고 느낀 아내는 빠른 손놀림으로 짐을 꾸렸다. 도와주지 않아도 척척 해냈다. 챙겨갈 짐을 챙겨보니 아이의 물건이 절반 이상을 차지하는 '애 키우는 집'의 전형적인 모습이다. 아내가 웃는다. 아내의 웃음을 보는 일은 언제나 즐겁다. 밖은 아직 춥지만 아내의 미소를 보니 어떤 추위도 견딜 수 있을 것만 같았다.

뜬금없이 내려가는 게 꼭 여행가는 것 같았다. 한 번쯤은 발길 닿는 대로 훌쩍 떠날 수 있으면 좋으련만 여력이 안 되니 아쉬운 대로 오늘을 여행길 삼기로 했다. 여행이 별거 있나. 가는 동안 설레고 돌아와선 추억이 되는 게 여행이지라며 에둘러 표현했다. 한참을 달려 집에 도착할 때쯤 멀리 장모님이 보였다. 추우실텐데 아까부터 밖에 나와 계셨다고 하신다. 어둑해진 하늘과 아내의 환한 웃음이 대조적이었다. 추운데 왜 나와 계시냐며 짐을 챙겨들었다. 장인어른께 인사를 드리며 아이들과 방으로 들어갔다. 아이를 안아주시는 장인어른께서는 길은 미끄럽지 않았냐는 말로 인사를 대신하셨다. 따뜻한 방에 들어서자 마음도 따뜻해졌다.

"엄마, 밥 줘."

아내의 입에서 가장 먼저 나온 말이었다.

"네가 좋아하는 미역국 해 놨다."

오랜만에 만난 모녀의 모습이 아닌 아침에 외출 하고 들어온 딸과 대화를 하는 것 같다. 밥을 먹고 도란도란 이야기를 하는 아내의 모습에서 오랜만에 활기를 느꼈다. 밥을 먹고 나니 밀린 졸음이 몰려오기 시작했다. 아내도 마찬가지인 듯 꾸벅꾸벅 졸기까지 했다. 그런 아내가 몹시 안쓰러웠다. 아내는 이렇게 살 것 같았으면 왜 다시 시작하려했냐고 충분히 따질 수도 있었다. 감당하지도 못할 거면서 왜 대책도 없이 이렇게 살 게 하냐고 소리칠 수도 있었다. 하지만 아내는 사계절 내내 시린 겨울의 삶을 묵묵히 견디고 있었다. 말은 안 해도 알고 있었다. 답답한 현실에 신경질 부리던 지난 주 내 모습이 떠올라 부끄러웠다. 아내는 더는 못 버티겠는지 아이들을 장모님께 맡기고 방으로 들어갔다. 경쟁하듯 쓰러진 아내와 나는 그렇게 깊은 잠에 빠졌다.

잠을 얼마나 잤는지 허리가 아파 눈을 떴다. 아내는 이미 일어났는지 보이지 않았다. 처가에 와서 늦잠이나 자고 있는 게 염치가 없었다. 있는 힘껏 기지개를 켜자 아이고, 아이고 하는 소리가 절로 났다. 몸이 녹아내리는 것 같았다. 창문을 뚫은 햇볕이 방안을 환히 비췄다. 방에는 두 개의 창문이 있었다. 옛날 창문다운 짙은 갈색의 민

무늬 테두리가 투명한 유리창을 감싸고 있으면서 바깥세상과 닿게 해줬다. 날이 풀렸는지 고드름에서 작은 물방울들이 떨어지고 있었다. 떨어지는 소리에 맞춰 몸을 일으켰다. 맞은편에는 창문색깔보다 짙은 고동색 5단 책장이 자리하고 있었다. 사이사이에 꽂혀있는 책들에는 먼지가 조금씩 앉아있었고, 가끔씩 내가 아는 제목의 책들이 눈에 띄었다. 손에 닿기 쉬울 정도의 높이에 연두색 수첩이 하나 보였다. 책장과 어울리지 않는 색에 호기심이 생겼다. 만지면 안 될 것 같다는 생각이 손가락을 주저하게 했지만 결국 수첩을 집어 펼쳤다. 장모님의 일기장이었다. 쓰다가 그만 두셨는지 수첩 중간부터는 여백이었지만 날짜를 보니 최근까지 쓰셨던 모양이다. 일기장이란 걸 알고 나니 덮을 수밖에 없었다. 일기장을 덮으려는 그때 한 귀퉁이에 '사위'라는 단어가 보였다. 순간 갈등이 일렁거렸다. 안 되는 줄 알지만 그 생각도 잠시 나도 모르게 일기장 사이를 잡고 두 손으로 받쳤다. 무슨 내용일까 궁금했다.

'오늘 딸이 전화를 해서 돈을 좀 빌려달라고 했다. 이런 말을 할 아이가 아닌데…. 어서 사위가 재기했으면 좋겠다. 딸, 행복하길 바란다.'

난 얼은 듯 움직일 수 없었다. 곧 두 손으로 입을 틀어막고 고개를 처박았다. 두 눈에선 눈물이 흘러내렸다. 잘 못 살고 있는 것 같았다. 이제까지 누구의 탓이라는 원망으로 살았는데 모든 게 다 내

업보라 여겨졌다.

"세상은 대체 나한테 왜 이러는 거지? 내가 뭘 얼마나 잘못했기에!"

울분으로 토해냈다. 잘못한 게 수없이 많았기에 선뜻 답할 수 도 없었다. 분하지만 모두 내 잘못이라 벌 받는 것만 같았다. '시시포스의 굴레'처럼 나도 영원히 이 굴레 속에서 살아야 하는 걸까? 덜컥 겁이 났다. 시시포스는 왜 바위를 놓고 도망가지 않았을까? 자존심일까, 아니면 신에 대한 도전일까? 나 역시 이게 내 운명이라면 감수하면서 살아야 하는 걸까? 벗어나려는 것은 욕심이고 더 큰 불행을 불러올까?

딸의 힘들어하는 모습을 보신 장모님은 얼마나 속이 상하셨을까. 너희들끼리 행복하게 잘 살면 우린 됐다라고 하셨던 말씀이 가슴을 울렸다. 신문에 날 만큼 잘 살진 못하더라도 남한테 신세는 안지고 살겠다며 데려왔는데 지킨 게 하나도 없었다.

"여보, 일어났어?"

인기척을 느꼈는지 아내의 외침이 들렸다. 아무 말도 할 수 없었다. 당장 이 방문도 열고 나가지 못할 것 같은 기분이었다. 이 방을 나가면 어떤 표정을 지어야 하고 무슨 말을 꺼내야 할까. 장모님, 장인어른 얼굴을 제대로 볼 면목이 없었다. 방은 그렇게 감옥이 되어 날 가두었다. 내 죄목은 '탕진 죄'일 것이다. 내가 가진 것을 탕진한

것도 모자라 누군가에겐 전부일지도 모르는 아내의 삶마저 허비하
고 말았으니 말이다.

PART 10

못난 놈

"또 올게요."

"그래, 조심히 올라가."

감사하다는 말과 죄송하다는 말이 입안에서 맴돌았지만 고작 또 오겠다는 말로 대신했다. 그런 멋쩍은 내 마음을 말하지 않아도 다 아신다는 듯 환히 웃어주신다.

"아이고, 됐어요. 어머니"

실려 있는 짐만으로도 뒷바퀴가 기울어질 정도인데 뭐가 아쉬우신지 한 짐을 더 꾸려 오시는데 몇 번을 사양해도 이길 수가 없었다. 이제 진짜 올라가겠다며 창문으로 거듭 인사를 드리곤 시동을 걸었다. 군데군데 세월의 녹이 서린 차는 버거운 무게를 버티고 있음을 알아달라는 듯 떨리는 목소리를 냈다. 가는 뒷모습이 보이지 않을 때까지 그 자리에 서계신 모습에 못 다한 말씀이 있는 건 아닐까 여운이 남아 '잘 살게요.'라는 다짐으로 또 한 번 인사를 드렸다.

시골길. 푸른빛의 하늘과 자신의 할 일을 다 마치고 검게 타버린 광활한 들판, 만약 신이 있다면 이런 곳에 살 것이라 느껴지는 웅장한 구름과 초록빛깔 옷을 입을 계절만을 기다리는 앙상한 가지의 나무들. 그리고 그 나뭇가지 사이를 날렵하게 지나치는 바람만이 나와 공존하고 있을 뿐이었다. 세상의 모든 것을 압축한 자연의 경이로움에 늘 작아지는 인간이지만 작은 욕심에 이내 마음을 사로잡히는 나약한 존재도 인간이었다. 오늘만큼은 머리가 아닌 가슴으로 살고 싶었지만 내 이성은 감히 허락하지 않았다.

'잘 살고 있는 걸까.'늘 반복되는 물음에는 침묵만이 답이다. 완벽한 경제적 독립을 꿈꾸며 달려왔지만 현실은 독립이란 단어가 무색할 정도로 완벽한 의존적 삶을 살고 있었다.

'그래서 아내는 장모님께 돈을 받았을까?'

부모와 자식 간에 도움을 주고받는 것이 자연스럽다면 자연스럽다고 말할 수 있겠지만 나의 경우는 달랐다. 다니던 직장을 그만두고 새로운 출발을 하겠다는 결정을 하는 과정에서도 한 번의 의논도 없이 강행했던 게 나였다. 혹시라도 말을 꺼냈다가 다시 생각해 보라는 말을 들으면 마음이 약해질까 거의 통보하다시피 말씀을 드렸을 뿐이었다. 괘씸하다는 생각을 하셨을 마음에 죄송하면서도 꼭 성공해서 돌아오겠다며 집을 나가는 자식의 심정으로 이를 악물었다. 하루빨리 결핍의 상처를 아물게 하고 싶었다. 그래야만 나를 얽매고 있는 쇠사슬로부터 자유로운 존재가 될 수 있을 것 같았고 무엇보다 '나'라는 흔적을 찾을 수 있을 것 같았다. 그러나 꿈꿔왔던 이상들은 무능함이란 현실에 막혀 누군가를 지켜내지 못하는 수치스러움에 기여했고, 또 다른 누군가에게는 안쓰러운 걱정거리가 되고 있다는 참기 힘든 수행의 길을 가는 데에 기여했다.

'내가 원하는 삶이란…'

창밖의 풍경에 온전히 나를 몰입하는 시간을 충실히 보내고 있었다.

"무슨 생각해?"

아내가 적막을 깼다.

"응, 아무것도 아냐."

아내는 뭔가 꺼림칙한 표정을 지었지만 연신 아무것도 아니라는 말에 무언가 생각났다는 듯이 손뼉까지 쳐가며 말을 이어갔다.

"어제 엄마랑 TV 보는데 어떤 여자가 나와서 이런 얘기를 하더라? 자기 남편이 직장을 잃고 나서 돈을 잘 못 버니깐 괴로워하면서 술만 마시면서 살더래. 아내는 처음에는 힘들어서 그런 거겠지 생각으로 이해하려고 했는데 몇 달을 그렇게 사니깐 그게 너무 싫다면서 같이 살기 싫다는 거야. 근데 당신은 잠도 못자가면서 애써줬잖아. 어제 그 방송 보니깐 우리 남편한테 너무 고맙더라.”

힘내라는 말이겠지만 육체적으로나 정신적으로 고생이 많았을 아내에게서 그런 말을 들으니 묘한 감정이 들었다.

“그게 뭐 고마워할 일인가. 당연한 거지. 참, 혹시 나 새벽에 배달하러 다녔다고 말씀 드렸어?”
“어, 드렸지.”
“왜 말했어. 걱정하시게.”

걱정이라는 표현을 썼지만 창피함이 묻어 있었다. 잘 사는 모습만 보여드리고 싶은 것이 간절했기에 모르셨으면 하는 게 내 속마음이었다. 공허함이 흐르는 일상을 들키고 싶지 않아 더 과장된 표현과 행복한 척을 쥐어짜는 것이 현대인의 모습이다. 있는 그대로의 모습보다 소위 ‘있어 보이는’모습을 위해 치장하며 불안한 모습을 감추려했건만 계획이 수포로 돌아간 것 같은 마음에 작은 탄식을 터트렸다.

“그게 뭐 어때서?”

"아니, 그래도⋯."

아내는 솔직한 사람이다. 가식과 꾸밈없이 사는 사람, 있는 그대
로의 모습을 보는 사람이었다. 이 글을 통해 아내에게 고맙다는 말
과 미안하다는 말을 전하고 싶다.

PART 11

쉼표

"잘 쉬다간다."

시골길을 벗어나 다시 현실의 삶을 향해 쉼 없이 달렸다. 목욕탕에서 뜨거운 김에 몸을 달군 후 허물 한 꺼풀을 벗기고 밖으로 나와 맞이하는 찬바람에 온 신경이 곤두서듯 고단함으로 출발했던 아내의 얼굴에서도 생기가 돌았다. 평범한 가정을 꾸려나간다는 것이 누군가의 얼굴을 이렇게 푸석하게 만드는 일일 줄은 미처 몰랐다. 나 혼자만 버티면 된다고 생각했던 삶이 누군가의 독단적인 힘으로만 이루어지는 것이 아니라는 생각이 들기 시작하자 찬란함을 원하던 일상은 단란함이면 충분하다며 애원했다.

한 번 정도는 휴게소에 들를까도 생각했지만 아이들이 자고 있는 동안 서둘러 올라가는 것이 가정의 평화를 위한 적절한 방도였기에 멈출 수가 없었다. 창밖 풍경의 원근이 빠른 속도로 내 어깨를 지나칠수록 속도의 감각은 무뎌갔다. 평일의 뻥 뚫린 고속도로에서의 고독함은 자유를 상징했고 차에 부딪히는 바람은 저항을 상징했다. 둘 중 하나만 선택해야 한다면 앞으로 나아갈 수 없다. 삶 역시 자유를 꿈꾸고 저항을 이겨내는 과정에서 생존을 보장받을 수 있었다. 저항은 끊임없이 이겨내길 바란다며 날 유도했다.

저항에 이기려고 핸들을 더 꽉 움켜쥐자 차에서 이상 반응이 오기 시작했다. 평상시 중간 이상을 넘어간 적이 없던 계기판 수온계가 끝을 향해 점점 올라가고 있었던 것이다. 히터를 오래 켜놔서 그럴지도 모른다는 생각에 히터도 꺼봤지만 달라지지 않았다.

"어쩌지?"

아내는 걱정스러운 마음에 차를 세우자고 했지만 조금만 더 가면 된다는 생각이 '설마'라는 생각을 덮기 시작했다. 하지만 조금만 더 버텨주길 바랬던 내 심정과는 달리 수온계는 정점으로 치솟다 급기야 보닛에서 연기가 나기 시작했다. 아내와 난 당황스러움을 감추지 못했다. 고속도로 근처 식당 주차장에 차를 세웠다. 얼마 전 도로에서 보닛에서 나오는 불길에 휩싸인 채 달리는 차를 봤었는데 그 차가 떠올랐다. 아찔했다. 차를 세우고 20분 정도 식혔지만 씩씩 거리는 차는 아직 뜨거움을 삭힐 생각이 없어보였다.

아무것도 모르는 듯 자고 있는 아이들이 보였다. 설령 고속도로에서 멈추기라도 했다면 자칫 큰 사고로 이어질 수도 있었다는 생각이 소름을 돋게 했다. 미리미리 정비를 받아둘 것을 후회가 밀려왔다. 내 몸 하나 돌볼 겨를 없이 살았는데 차를 돌볼 여력이 있었을까. 아찔한 순간이 닥쳐서야 이 또한 내게 오는 사인이라 생각됐다. 사인을 받아들이고 해석하는 것은 가르침 그 이상이었다.

오래된 수레가 무거운 짐을 싣고 쉼 없이 달렸으니 무리가 오는 게 이상할 것도 없었다. 쉼이란 낭비가 아님을 알면서도 무작정 달리기만을 원했다.

0.0001초로 순위가 결정되는 레이싱에서도 경기 중 타이어를 교체하고 차량을 정비하는 '피트 스톱(Pit Stop)'이 필수다. '쉼'이란 삶에 있어서 매우 큰 비중을 차지한다. 말에도 글에도 음악에도 쉼표가 있어야 그 자체로의 가치가 생겨나는 것이다. 속이 비어있는 대나무가 하루에 1미터 이상 자랄 수 있는 이유도 마디라는 쉼이 있기 때문이다.

기분을 가라앉힌 차에 몸을 실었다. 이제는 저항을 이기려 하지 않았다. 이기려 하지 않으니 저항하는 힘도 적었다. 쉼과 성장은 서로 협력관계라는 생각이 들었다. 쉼 없는 성장은 위태로울 것이고 성장 없는 쉼은 도태될 것이 분명하기 때문이다. 조급했기에, 빨리 가야했기에 쉬는 시간도 사치라고 생각했다. 쉼은 곧 시간 낭비라는 공식을 세웠던 나였지만 그 공식이 틀렸다는 것이 이렇게 증명되었다.

하늘
위로

PART 01

시행착오

"청소기 왔다!"

기대에 찬 아내의 외침이 집안을 울렸다. 며칠 전 홈쇼핑에서 특가 판매한다는 청소기를 본 후에 엊그제까지 고민을 했던 아내다. 한쪽 구석에 자리만 차지하고 있는 이름값 못하는 청소기를 바꾸겠다며 선언한지 오래였지만 쉽사리 행동으로 옮기지는 못하고 한참을 고민만 해왔다. 그러기를 며칠째. 성능과 가격을 하나씩 따져가다 이거다 싶었는지 결국 전화기를 붙잡고 주문을 했다.

기대감에 가득 찬 아내는 포장을 뜯자마자 청소기를 작동시켰다. 저렴한 가격대비 빨아들이는 힘도 세서 잘 샀다며 내심 뿌듯해하는 눈치였다. 그런데 몇 번 청소기를 써보니 불편한 점이 한 둘이 아니었다. 충전시간은 턱없이 길고 청소기 입구는 크고 좁아 구석구석의 먼지를 빨아들이지 못하는 바람에 일을 두 번 해야 했다.

"내가 이럴 줄 알았어. 이럴 줄 알았으면 사지 말걸. 싼 건 다 이유가 있다니깐…."

실망한 아내는 무안함과 아쉬움을 토로했다.

"괜찮아, 다 쓸데가 있겠지."

심드렁해있는 아내는 그렇게 한참을 아쉬워하고 체념하길 반복했다.

사람이 살면서 이럴 줄 알고 사는 경우가 얼마나 될까, 또는 내가 예상한대로 살아가는 경우는 얼마나 될까. 딱 한 치만 바라볼 수 있는 능력이 있다면 세상에 두려울 게 없을 것 같은데 그랬다면 나도 지금 같은 삶을 살지는 않았을 것이고 한숨을 쉬는 일도 없었을 것이었다.

나쁜 길인 줄 알면서 그 길로 향하는 사람은 없다. 이 길이 막다른 길인 줄 알면서 그 길을 선택할 사람은 더더욱 없다. 만약 이 두 가지의 경우를 알면서도 선택해야 한다면 그건 분명 엄청난 희생이나 위험을 감수해야하는 상황일 것이 틀림없다.

그 끝이 막다른 길인 줄 알았다면 그 길을 들어서기 전에 돌아갔을 것이고 갈림길을 만나더라도 정확한 판단을 할 수 있었을 것이다. 하지만 나는 신이 아니었기에 나의 길의 끝이 어디인지, 그리고 어느 갈래에서 어떻게 나눠질지는 아무런 예측을 할 수가 없었다. 내가 할 수 있는 일이란 그저 이러한 실수를 '시행착오'라는 말로 버

물려 똑같은 실수를 반복하지 않으려 발버둥치고 시행착오를 줄여가는 법을 터득하려 애쓸 뿐이었다.

그래도 한 가지 다행인 것은 시간은 되돌릴 수 없으나 길은 되돌릴 수 있다는 것이었다. 좌회전을 할 수도 있고 유턴을 할 수 도 있는 것이 인생이다. 잘못된 길을 왔음을 후회하고 불행하다며 눈물을 쏟을 수도 있지만 경로를 재설정하고 다른 길을 선택함으로써 벗어날 수 있고 더 행복한 삶을 살아갈 수도 있다. 설령 도착한 그곳이 원하던 곳이 아닐지라도 각자의 목적지를 향해가는 경로 중 잘못된 경로 하나를 더 발견했을 뿐이다.

한 치 앞을 예측할 수 없는 것이 삶이고 예상과 전혀 다르게 살아지는 것도 삶이라는 것을 인정하지만 인생에 있어서 이런 모호함은 끊임없이 나를 괴롭힌다. 그런데 그 모호함이란 늘 평범함으로 위장해 오기에 쉽게 알아채지 못하기도 한다. 사소할 수도 있고, 지극히 평범할 수도 있는 삶의 순간순간에 의미를 부여하는 것으로 모호함을 명확함으로 바꿔놓을 수 있는 것이다. 산을 오르며 누군가는 귀한 약재를 보지만 누군가는 십년을 오르더라도 나물하나 발견하지 못하는 것도 이 때문이다.

나약한 한 인간으로서 앞으로 가야될 길에서 마주할 갈림길이 벌써부터 걱정이다. 나이가 들수록 돌아가기도 버겁고 시간도 촉박한 것처럼 느껴지기 때문이다. 하지만 멈춰있으면 넘어지거나 나아가질 못한다. 처음 자전거를 배울 때 넘어지는 것이 두려워 조마조마

했던 마음을 기억해보자. 왜 이 두려움을 이겨내야 하는지, 발을 떼는 용기가 가져다 줄 행복이 무엇인지 그때는 몰랐지만 자전거를 능숙하게 타게 될 때쯤 넘어지는 것은 두려워할 것도 아니고 걸림돌이 될 수 없다는 것을 깨닫게 된다. 넘어졌지만 툴툴 털고 일어나 다시 페달을 밟는 마음가짐, 자전거를 타면 넘어질 수 있다는 것을 당연시 여기는 마음, 좌절하지 않고 계속 나아가려는 마음이 지속될 때 '내가 이럴 줄 알았어.'가 아닌 '역시 옳았어.'라는 계기가 될 것이다.

PART 02

탕진과 소진사이

새로운 직장에서도 만 4년의 시간이 흘렀다. 햇수로는 5년이 지났으니 이제 '새로운'이라는 단어의 진하기도 많이 엷어졌다. 시간의 흐름 덕분에 과거의 기억들도 많이 엷어졌다. 엷어졌기보다 무뎌졌다는 표현이 맞을지도 모르겠다.

"어서 와요. 이쪽으로 와요!"
"네, 팀장님. 감사합니다."
"차 많이 막혔죠?"
"네, 조금요."
"이제 시작하네요."

웅성웅성 거리던 분위기도 차츰 가라앉았다. 이 날은 회사에서 열리는 시상식이 있는 날이다. 여느 시상식 못지않은 복장의 시상자들이 박수갈채를 받으며 시상대에 오른다. 자랑스러운 듯 손을 높이 치켜들며 박수를 보내주는 이들에게 화답한다. 그들의 얼굴에

상이란 몇 번을 받아도 기분 좋은 일이라는 것이 확연히 드러난다. 거창한 수상소감은 아니지만 준비해온 수상소감을 읊으며 스스로에게 감동을 받는 모습들도 간혹 보인다. 이 순간의 영광을 맛보기 위해 그들은 밤과 낮을 바꿔가며 열정을 쏟아냈으리라. 즐겁게 일하고 있다는 그들의 말 뒤에는 분명 남들은 알지 못하는 고생의 흔적들이 차지하고 있음도 보였다.

"큰 박수 부탁드립니다!"

경쟁의 무대에서 입사 순서는 중요하지 않았다. 그것을 알기에 경쟁의 정글 속에 들어온 게 아니었던가. 능력과 역량을 펼칠 수만 있다면 무엇이든 가능해 보였다. 이 부분이 직장을 그만두던 때 가장 고민했던 부분이었다. 아내가 바라는 고정급여의 안정감과 내가 원하는 변동급여의 불안함이 실랑이를 벌이던 그 시절 난 무턱대고 정글을 선택했다. 무모함이라고 말하기도 했다. 하지만 진흙탕에 빠지고 맹수들을 만날 수도 있다는 신중함은 늘 그 안에 깔려있었다. 선택은 옳지도 틀리지도 않았지만 적어도 틀리지는 않았다.

먼 곳 바라보듯 시상식을 바라보는 신입사원이 보였다. 나 역시 그랬으니 사람은 다 똑같다는 말이 틀린 말도 아니다.

"부러워요?"
"네!"

웃으며 대답하는 그를 보니 입사한지 반년쯤 됐을 때 한 선배가 내게 했던 말이 떠올랐다.

"상을 받는 것도 중요한데 대부분 한 번 반짝이는 경우가 많아요. 미친 듯이 일하다가 자기도 모르게 지쳐버리는 거죠. 그렇게 잠시 타오르다 꺼지면 다시 불을 붙이기가 무척 어려운 법이에요. 마치 모든 열정을 탕진한 사람이랄까? 우리는 한 번에 모든 걸 쏟아 붓는 게 아니라 차근차근 쌓아가며 소진시켜 나가는 거예요. 그래야 불이 강하고 오래 가는 법이니까요. 기억하세요. 잠깐 반짝이는 것보다 꾸준하게 빛나는 사람이 결국 이기는 거예요."

탕진과 소진은 엄연히 다른 말이다. 비록 둘의 의미가 '써서 없애는 것'이라는 점에서는 일맥상통하지만 탕진은 '헛되이 다 써 버린다.'는 의미를 포함하고 있다.

초당 11.2km의 속도의 에너지를 필요로 하는 우주선은 가장 효율적인 비행을 위해선 3단 연소를 해야 한다고 한다. 우주선이 지상에서 출발해 맨 아래에 있는 1단 로켓부터 3단 로켓까지 점화되고 버려지는 과정을 반복하면서 우주선은 출발할 때보다 훨씬 더 가볍고 충분한 속도를 얻을 수 있게끔 효율적으로 바뀌게 되는 것이다. 우주선이 지구를 떠날 때 연료를 한 번에 탕진한다면 더 빨리 날아오를 수 있겠지만 절대 오래 멀리 가지는 못할 것이다.

가끔 가늘고 길게 살 건지, 굵고 짧게 살 건지에 대해 물어볼 때가 있다. 그럴 때면 난 굵고 길게 살고 싶다고 말한다.

생각만큼은 풍요로운 삶을 그려본다. 내 삶에도 한 번 쓰고 버릴 연료가 아닌 단계별 전력질주를 할 수 있게 만드는 연료가 필요하다. 무중력을 향해 떠나는 우주선이 엄청난 에너지를 뿜어내야만 하듯이 지금은 내 안의 에너지를 비축하는 시기다. 그 축적한 에너지로 오랫동안 굵고 반짝이는 여행을 할 것이다.

PART 03

행복을 찾아서

지독한 가난에서 희망을 향해 몸부림치는 한 남자가 있다. 희망
이란 꿈꾸는 자에게 허락된다고 하지만 오직 그에게만은 예외 같
다. 무엇이 그를 이렇게 살게 했을까? 그를 향한 질문이 고스란히
내게 스며든다. 남들보다 몇 곱절 애를 쓰며 몸부림 쳐보지만 그다
지 신통치는 못하다. 우뚝 솟아오른 그의 키는 수많은 인파 속에서
도 한 눈에 알아볼 수 있게 한다. 오늘 하루를 살기 위해 아무도 모
르는 곳으로 향한다. 늘 해오던 일이라 낯설지도 않다.

짙은 회색빛 양복 차림의 그의 손엔 오늘 안에 꼭 팔아야할 기계
가 들려있다.

'오늘 이 기계를 팔아야 밀린 집세와 아이를 맡아줄 놀이방비가
겨우 해결 되는데….'

물건이 팔린 상상과 그렇지 못한 상상이 엇갈리며 그의 머릿속을
자꾸 맴돈다. 헝클어진 생각으로 설명이나 잘 했을까 싶었지만 역

시나 오늘도 허탕이다. 네모난 케이스에 모습을 감춘 이 기계는 우리 집 창고 한 구석을 차지하고 있는 재봉틀과 닮았다. 덩치 큰 이 남자가 들어도 몸이 한쪽으로 기울어지는 무겁고 게다가 비슷한 제품 보다 두 배는 비싼 이 의료 기기를 똑똑한 의사들이 사줄 리가 만무했다. 문전박대 당하며 쫓겨나지만 이런 일이 한 두 번은 아니니 마무리 인사는 제법 당당한 영업맨의 품위를 유지한다. 밀린 집세와 아내가 생각났을까 돌아선 그의 뒷모습이 더 애잔하다. 가족의 생계를 짊어진 그에게 세상이 남긴 건 무거운 어깨와 윤기 없는 짧은 곱슬머리 그리고 진한 콧수염이 전부였다.

'오늘 이걸 팔았어야 했는데….'

안 좋은 예감은 꼭 들어맞는 법이다. 집세를 밀린 그는 결국 아들과 함께 거리로 내몰리게 된다. 뭔가 허전하다. 아내는 이미 떠나고 없었다. 당장 하룻밤조차 묵을 곳 없는 그는 지하철 화장실에 숨는다. 평소와 달리 열리지 않는 문을 사람들이 거세게 흔든다. 이 문이 열리면 이마저도 허락되지 않기에 그는 문고리를 부여잡으며 끝끝내 사투를 벌였다. 어떤 시련이 와도 이겨낼 것 같던 그였지만 이날 밤만은 눈물로 밤을 새운다.

화장실 바닥 물기조차 닦을 수 없는 얇은 휴지 조각들을 깔고 아빠 다리에 머리를 기댄 아들은 평화롭기 그지없다. 궁핍함, 근근이라는 단어로도 부족한 그에게 남은 건 그치지 않는 눈물과 자기와 꼭 닮은 곱슬머리의 아들 하나뿐이었다. 오늘만 살기에도 벅찬 그에게 내일이란 어쩌면 사치일지도 모른다.

날이 밝자마자 그는 헌혈의 집을 찾아갔다. 그나마 멀쩡한 몸뚱이라도 있기에 피라도 팔 수 있어 감사했다. 가진 것 없는 내게 왜 이러냐며 숨는 혈관을 간호사는 몇 번의 찰싹거림과 도망가지 못하게 고무줄로 조여 맨다. 비로소 저항하지 못하게 된 팔뚝은 자신의 가장 약한 부위를 내준다. 깊게 찔린 바늘을 따라 아지랑이 피듯 선명한 피가 차오른다. 그는 제 값을 받기 위해 주먹을 쥐었다 폈다를 반복한다. 피와 함께 바늘을 따라 온 몸의 힘도 빠져나가는 걸 보면서 그는 삶의 무거움을 또 한 번 느꼈으리라. 매일 느끼는 감정이지만 늘 새롭고 익숙하지도 않다. 주먹 쥘 힘도 다 떨어졌다 걸 알았을 때 자신의 일을 다 마친 바늘은 쓰레기통에 버려졌다. 헌혈로 받은 이십 사달러. 이 지폐 몇 장으로 오늘 하루는 버틸 수 있을 것 같아 다행이다. 갑자기 아들 얼굴이 떠오른다. 쉽게 허락되지 않는 행복, 희망이란 없어 보이는 그에게 삶이란 짐과 같았을 것이다.

'크리스 가드너'라는 실존 인물의 인생을 모티브로 한 영화 '행복을 찾아서'의 일부분이다. 삶의 무거움이 느껴질 때, 세상에 나 홀로 동떨어져 있다고 느껴질 때, 그리고 나는 지금 절대 행복하지 않다고 느껴질 때 난 줄곧 이 영화를 본다. 무일푼에서 억만장자가 됐다는 주인공의 이야기는 이미 많은 사람들에게 희망의 메시지를 선사하고 있다. 처음 영화를 볼 때는 좋아하는 배우가 나오는 영화를 본다는 정도를 벗어나지 않았다. 단순히 감동적인 영화구나, 역시 윌 스미스는 연기를 잘 하는구나 정도의 생각이 전부였다. 하지만 나의 삶의 무게감이 그의 무게와 비슷하다는 동질감이 느껴졌을 무렵 다시 찾은 이 영화에서는 그의 눈가 주름과 버스 안에서 그를 비추는 햇살조차 모든 게 삶의 의미로 다가왔다. 똑같은 상황과 현상을 보고도 사람은 자신의 처지에 따라 해석이 크게 달라지는 것 같다.

영원히 닿을 수 없고 내겐 허락되지 않을 것 같은 행복을 영화 속 주인공은 '희망'하나로 이뤄냈다. 아무리 노력해도 세상에 겉도는 것 같은 허무함, 풀과 나무에게도 허락될 희망이 그에겐 누구도 해결해 주지 못할 극도의 결핍이었을 것이다. 하지만 희망이 무너지면 삶이 완전히 무너질 것을 알았을까, 그는 절대 희망만은 버리지 않았다. 그리고 결국 그 희망으로 그는 일어섰다.

이 영화에는 흥미로운 점이 하나있다. 바로 영화의 원제목이 'The Pursuit of Happyness'라는 것이다. 왜 영화는 제목에다 '찾다'라는 의미의 find를 쓰지 않고 '추구하다'와 '좇다'라는 의미의 pursuit이라는 단어를 선택했을까? 불현 듯 행복은 찾는 게 아니라 끈질기게 좇아야만 얻을 수 있는 것이라는 생각이 들었다. 행복이란 분명 우리 가까이 있지만 그렇다고 거저 주어지는 게 아니라는 걸 이 영화의 제작자는 말하고 싶었을 것이 아닐까.

많은 사람들이 추구하는 행복. 저마다 생각하는 행복은 모두 제

각각이다. 개개인이 생각하는 행복에 대한 정의가 다르고, 가치와 의미도 다르며 기준 또한 다르다.

행복한 마음보다 행복해 보이는 모습을 추구하는 사람들, 부와 명예를 행복의 기준으로 삼는 사람들, 건강이 최고라며 모든 권력과 욕심을 내려놓은 사람들. 사람들마다 행복의 정의와 기준은 다르기에 어떤 것이 행복한 삶인가는 규정지을 수는 없을 것이다.

과연 행복이란 무엇일까? 감히 정의내릴 수 있을까? 딱히 무엇이라 말하기 어려워도 원하고, 정의 내리지 못해도 느낄 수 있는 행복. 분명한 것은 행복이란 지극히 이기적인 모습으로 나타난다는 것이다. 남이 봤을 때는 찬사를 받아 마땅한 일도 나의 기준에서 행복하지 않을 때가 있다. 올림픽에서 은메달을 딴 선수보다 동메달을 딴 선수의 행복감이 더 높다는 조사 결과에서만 봐도 성과와 행복이 비례하지 않을 수 있다는 것도 알 수 있다. 그러니 누군가가 내 행복을 대신 찾아줄 수가 없다는 말도 맞는 말이다. 화려한 도시의 삶이 행복일까? 도시를 떠난 자연인의 삶이 행복일까? 행복을 발견하지 못해 행복을 좇는 많은 사람들이 유명 강사들의 강연과 베스트셀러 속에서 답을 찾기 위해 헤매고 있긴 하지만 정작 내가 처한 현실로 돌아왔을 때 여전히 똑같이 살고 있는 나를 발견하게 되는 게 현실일지도 모른다.

내가 하고 싶은 것, 갖고 싶은 것, 이루고 싶은 것은 이렇게 많은

데 아직 이뤄진 게 없으니 지금이 너무 초라해 보이기만 했다. 난 전혀 행복하지 않았다. 이러다간 죽을 때까지 행복이란 남의 얘기라는 생각으로 살 것 같은 걱정에 생각을 고쳐먹었다. 왜 나는 행복하지 않을까가 아닌 왜 행복하다고 느끼지 못할까에 대한 생각으로 말이다. 그제야 내 마음이 답해준다.

"넌 행복을 '지금'에서 보지 않고 '나중'에 찾으려 하잖아."

하지만 행복한 미래를 위해 일 하고, 공부 하는 게 아니냐의 말에 내 마음도 반박하지 못한다. 누구나 더 나은 삶과 행복을 위해 지금을 살아가고 있으니 말이다. 준비하고 대비하는 삶에서 행복을 찾지 말자는 의미가 아니란다. 언제 올지 모르는 그리고 무엇일지 모르는 행복을 마냥 기다리면서 산다면 인생에서 행복을 느낄 수 있을 때가 그리 많지는 않겠냐며 날 채근했다. 쓸쓸한 생각이 들었다. 내 행복은 언제쯤 올까? 지금 행복하면 안 될까?

인간의 삶을 이루는 구성 요소는 수 없이 많다. 일과 가정, 인간관계 등 사람마다 중요하게 느끼는 요소들은 다르지만 결국은 꼭 행복이라는 종착역에 귀결되곤 한다. 종착역 즈음에 가서야 볼 것 같은 행복. 그러다보니 언제나 손을 스쳐가는 바람처럼 느껴진다.

그래도 다행인 것은 이러한 생각이 많이 변했다는 것이다. 타임머신을 타고서나 만날 수 있을 것 같은 행복에 지쳐가는 사람들은 지금을 행복하게 살자고 투쟁한다. '소확행(소소하지만 확실한 행복)'이라는 말이 유행하는 것처럼 말이다.

지금을 불안해하고 시시하고 별 볼일 없다는 생각으로는 살지 말아야 할 것인데 생각만큼 강하지 못한 게 나였다. 지금의 삶을 다시한 번 완전히 똑같이 살아도 좋다는 마음으로 살면 어떨까? 소크라테스도 죽기 전에 말하길 산다는 것은 오랫동안 병들어 있는 것이라고 했다. 인류의 우상인 소크라테스의 삶도 어쩌면 찌듦이었던 것이다. 그런데 하물며 나인들 매일 즐거울 리가 있을까. 그러고 보면 삶은 원래 힘든 게 맞는 것 같다. 중학생에게 가장 행복했을 때가 언제냐고 물어보면 초등학생 때라고 한다. 초등학생에게 물어보면 유치원 때가 가장 행복했다고 답한다.

빨리 어른이 되고 싶었던 학창시절. 어른이 돼보니 알게 되는 것, 그때가 좋았다는 것이다. 지나고 나봐야 그 때가 좋았다는 생각을 하게 된다. 타임머신을 타고 미래의 나를 만나면 미래의 내가 나에게 똑같이 말할 것 같은 예감이 든다.

매일 행복하길 기대하기란 어쩌면 더 피곤한 일일지도 모른다. 나 오늘 행복해야지를 매일 의식하고 사는 것은 식사 때마다 몇 칼로리인지를 세어가며 먹는 것만큼 피곤한 일일지도 모른다. 행복은 미래에 있는 것이 아니다. 지금 내 눈앞에 있는 것이 행복이다.

"삶은 소소한 행복으로도 충분히 살아갈만 합니다. 사실

소소함이야말로 인생 그 자체니까요. 무엇을 빨리 만들어야겠다거나, 이루겠다는 생각보다는 오늘 내가 할 일을 충실히 해냈는가 하는 데만 신경 쓰세요. 아무리 좋은 계획이라 해도 계획처럼 살아지지 않는 것이 삶입니다. 일단 한 달을 살수 있게 만드는데 노력하세요. 그리고 한 달 보름, 두 달, 석달을 살아낼 수 있는 힘을 조금씩 차근차근 쌓아가세요. 잘하고 계십니다. 어려우니까, 힘이 드니까, 좌절감이 들 정도의 일이니까 우리는 도전하는 것이지요. 포기하지 않고 끝까지 가면 답은 나오기 마련입니다.”

지나고 나야 그때가 행복인 줄 알듯이. 오늘 하루를 진심으로 사는 것이 분명 행복으로 가는 최선의 길일 것이다. 지금의 삶을 다시한 번 완전히 똑같이 살아도 좋다는 마음으로 살라는 니체의 말이 그의 말에 더해진다.

오늘은 다시 오지 않는다. 오늘의 행복은 오늘 만끽하며 살아보는 것. 행복을 찾아가는 첫 번째 계단에 발을 놓아보자.

PART 04

아내가 가출했다

늘 그렇듯이 늦은 시간이 되어서야 집에 들어왔다. 아이들이 자고 있을 생각에 현관문 비밀번호를 누르는 것부터 조심스럽다. '띠리리' 울리며 열리는 문소리에 미간이 찌푸려진다. 아내가 날 맞이해줬다. 오늘도 홀로 아이 둘을 보느라 끼니도 제때 챙겨먹지 못한 듯 기운이 없어보였다. 평소엔 살갑게 맞이해주던 그녀인데 오늘은 왠지 냉랭하다. 뾰로통한 낯빛에 괜히 무안해진다. 식탁에 앉아 하늘을 올려다본 아내가 입을 열었다.

"여보, 다른 일 구해보는 건 어때?"

아내의 말이 평소보다 무겁게 느껴졌다. 한 번도 아내가 이런 말을 하는 것을 들어본 적이 없기에 더욱 무겁게 느껴졌다.

아침에 출근하면 아이들이 자고 있을 때나 되어서야 들어오는 나를 보면서 아내는 분명 언젠가는 말해야겠다며 담아두고 있었을 것이다. 그 안에는 필히 처자식 먹여 살리고자 애쓰는 안쓰러움과 벌

려놓은 일을 수습하지 못하고 있음을 못마땅하게 여김이 공존하고
있었을 것이었다. 늘 진행 중이라고 생각하며 사는 나에 비해 막다
른 길에 몰렸다고 생각하며 사는 아내와의 엇갈린 생각들이 빚어낸
당연한 일이었을지도 모른다.

　독박 육아도 지쳐가고, 없는 살림에 아등바등 하는 것이 서러웠
을 아내도 자기 나름대로 많은 생각을 해가면서 어렵게 말을 꺼냈
을 것이다. 하지만 이제까지 잘 버텨주었기에 앞으로도 조금만 참
아주기를 속으로만 바래왔다.

　"그럴게."

　아내에겐 항상 미안한 마음을 가지고 살았기에 나로썬 아내의 말
을 따라주는 것이 도리라고 생각했다. 내가 아내의 말을 따른다는
것은 따라주는 척이었지 그러겠다는 뜻은 아니었던 것이다. 그런데
그것이 화근이었을까. 입버릇처럼 내뱉은 말에 아내는 버럭 화를
냈다.

　"맨날 알았다고만 하고 하는 건 아무것도 없잖아!"

　화라고는 내 본적이 없는 그녀다. 그 한 번의 외침에 그녀 스스로
놀랐는지 눈물을 왈칵 쏟아냈다. 세상에서 가장 보기 힘든 게 아내
의 눈물이다.

　아내가 눈물을 흘릴 때면 내 몸은 뱀이 똬리를 틀듯이 숨 막히게

구부러지는 느낌이다. 눈물을 훔치며 방에 들어간 아내는 그로부터 한참을 나오지 않았다. 지독하게도 고독한 순간이다.

미안하다는 말 한마디 못하는 소갈머리 없는 내가 할 수 있는 일이 란 고작 아내의 흐느끼는 소리를 듣는 것뿐이었다. 삼십분이 더 지 나도 나오지 않자 잠이 들었을 것이란 생각에 작은 방에 들어갔다. 하루에도 수십 번을 치웠을 단칸방일터인데 더는 못 하겠다는 듯이 널브러진 장난감이 아내의 마음을 대신하는 것 같았다. 지금 당장 뭘 어떻게 할 수 있겠냐는 혼자만의 물음에 침묵만이 답이었다.

아내는 방에서 나왔는지 바스락 거리는 인기척이 났다. 그런데 곧 "쾅!"하는 문소리가 들렸다. 침묵에서 벗어나지 못한 난 나가볼 수 가 없었다. 아니 나가보지 않았다. 어쩌면 나도 할 만큼 하고 있다 는 무언의 항쟁이었을지도 모른다. 시간은 벌써 자정을 넘겼고 다 섯 살 배기 아이와 아직 돌도 지나지 않은 갓난쟁이가 방에서 잠을 자고 있었다. 잠깐 편의점이나 갔다 오겠거니 하는 생각에 기다렸 다. 그런데 삼십 분이 지나도 들어오지 않았다. 걱정과 불길한 예감 에 아내에게 전화를 걸어봤지만 식탁위에 울리는 핸드폰 진동에 당 황스러움을 감출길이 없었다. 차 키가 보이지 않았다. 집에만 있을 수가 없어 자고 있는 아이를 놔두고 집에 들어왔을 때보다 더 조심 스럽게 현관을 빠져나갔다. 밖으로 나가 찾아봤지만 아무데도 없었 다. 집근처 갈만한 곳은 다 헤집어 봤지만 보이지 않았다. 고양이 몇 마리가 간헐적으로 아기 울음소리를 내며 울어댔다.

새벽에 한 번씩 깨는 젖먹이 아이가 떠올라 서둘러 다시 집으로 들어갔다. 집안은 시계 초침 소리만이 심장 뛰는 것과 맞춰 돌아갔다. 오만가지 생각이 들었지만 설마 집을 나간 건 아닐까라는 생각이 가장 컸다. 불안한 마음에 어쩔 줄을 몰랐다. 아이를 데리고 나가서 찾아야 하나?, 경찰서에 신고를 해야 하나?, 어른들에게 이 사실을 알려야 하나? 드라마에서 본 것처럼 집나간 아내는 친정으로 가던데 그러진 않았을까 하는 생각이 들어 처가댁에 알려야 할지가 무척이나 고민됐다. 어떻게든 아내를 찾아야 한다는 생각에 핸드폰에서 고속도로 앱을 다운 받아 집으로 가는 방향의 CCTV까지 검색해 봤다. 깜깜한 도로위로 자동차 라이트만이 보이지 않았다. 한 시간이 지나도록 아무것도 할 수가 없었다. 새벽 두 시가 지나자 적막을 깨는 아이의 울음소리가 들렸다. 밤에 아이가 울어도 한 번도 깬 적이 없던 난 울어대는 아이에게 해줄 수 있는 게 없어보였다. 안아주고 장난감으로 놀아주고 아무리 달래려 해도 울음은 그치지 않았다. '응애'라는 두 음절의 소리만 내지만 그 소리 속에는 분명 엄마를 찾는 듯 했다. 하지만 지금은 능력 밖의 일이었다. 아이들은 지금까지 모유 수유만 했던 탓에 분유는 한 번도 타본 적도 없었다. 평소 가지고 놀던 공갈젖꼭지를 물려봤지만 통할 리 없었다. 본능에 충실한 아이의 울음은 꼭 지금 나랑 장난 하냐는듯한 울부짖음 같았다.

급한 대로 분유를 타기 시작했다. 하지만 적정한 물의 온도와 물의 양 그리고 분유의 양을 알 리가 없었다. 여전히 자지러지듯이 울고 있는 아이를 한 손에 들고 핸드폰으로 분유 타는 방법을 검색했다. 블로거들이 시킨 대로 했음에도 두어 번의 실패를 겪자 마음은 더 급해졌다. 결국 적당히 만들기로 마음먹고 물도 적당히, 분유도 적당히 해서 다시 만들었다. 적당함이란 과연 어떤 상태인지 정의 내릴 수 없지만 적당히 이 위기를 모면하자는 의도였을 것이다. 적당한 온도인지 감이 오질 않았다. 입에 들어가면 뜨거울 것 같은 기분에 먹어봤다. 맛은 형편없었다. 어릴 적 분유가루를 먹었을 때는 분명 달콤했었는데 그때의 상상속의 맛이 아니었다.

서서히 지쳐가는 아이에게 아빠가 처음 탄 분유를 입안으로 밀어넣었다. 하지만 이 신뢰할 수 없는 맛에 아이는 격하게 저항했다. 허기라도 채우라는 생각으로 밀어 넣는 나와 엄마를 불러달라며 뱉어내는 아이는 한참을 씨름했다. 아이는 울 힘도 없다는 듯이 헐떡거리기 시작했다. 아내가 없어져 불안하고 아내에게 미안했던 감정은 애를 두고 어딜 나갔냐는 원망으로 변했다. 울다 지쳐가는 아이가 안쓰러워 혹시 아픈 건 아닌지 의심이 돼 체온을 재봤지만 다행히 열은 나지 않았다. 더 이상 내가 할 수 있는 일은 없다는 생각이 들었다. 시간이 지나자 아내에 대한 원망은 어서 돌아와 주기만을 바라는 마음으로 다시 변했다.

그때였다. 문이 열리더니 아내가 들어왔다. 아내는 내게서 아이를 받아 안았다. 기다렸던 엄마가 오자 아이는 곧 엄마 품에서 쌔근

거리며 평온한 잠을 청했다. 기를 쓰며 울던 녀석의 모습은 어디에도 없었다. 흩뿌려진 분유가루와 먹지 못할 액체로 차있는 젖병들이 아내 없는 시간들의 대가를 치르고 있었다.

어딜 갔다 왔냐는 말에 아내는 답답한 마음을 달래려 잠깐 바람쐬고 왔다고 했다. 나가있는 동안 무슨 일이 있었는지 아냐는 말이 목구멍에 차올랐지만 난 난장판이 된 주방을 정리하는 것으로 대신해야만 했다. 아내는 나가기 전에 수유를 하고 다음 젖먹일 시간에 맞춰 나갔다 온 거라고 했다. 그렇게 아내와 나의 소동은 막을 내렸다.

아내는 당시에 산후 우울증 초기 증세였다. 남들보다 예민한 첫째 아이를 키우면서 신경을 많이 썼던 탓에 둘째가 생기면 많이 도와주겠다고 호언장담했던 나였다. 하지만 막상 둘째가 나왔지만 생각만큼 집에 있는 시간이 많질 않아 아이와 함께 하는 시간이 없었다. 아내는 만나는 사람 없이 종일 혼자 집에 있는 시간이 늘다 보니 우울증까지 왔던 것이었다.

난 아내가 잘 해줄 것이라는 믿음으로 하루하루를 살았고 물론 너무나도 잘 해주었다. 말을 안 해도 알아주길 바랐고, 굳이 말이 없어도 통하길 바랐다. 하지만 그건 욕심이었고 배려가 없는 처사였다. 가장 신경써야하고 수시로 점검해봐야 할 사람은 타인이 아니라 가족임을 알면서도 잊어버리는 게 현실이다. 내가 조금만 앞서 생각했다면 아내의 마음을 알았을 수 있었을 것이다. 보이지도 않는 미래를 위해 '언젠가는'이라는 희망으로 고문을 하고 '진행 중'이라는 생각으로 지금을 건너뛰고 있었다. 머나먼 멀리보기가 아닌 눈앞의 미리보기로 예측할 수만 있었다면 이런 해프닝은 일어나지 않았을 텐데. 가까운 사람일수록 마음을 들여다 볼 줄 알아야한다. 알아줄 것이라는 생각은 매우 이기적인 생각이다. 나이를 먹을 만큼 먹었는데도 아직 감정을 다스리는 것도, 감정을 표현하는 것도 아직 서툴다.

하늘 위로

PART 05

불확실한 인생

작년 여름 어머니의 암 판정을 받았다. 세상에 영원한 건 없다는 말의 진리를 일깨워줬다. 내 심장은 뛰었지만 의식은 멈춰가고 있었다.

"좀 어때요?"

부쩍 약해진 어머니의 모습에 내 의식은 그 능력을 상실해가기 시작했다. 호흡을 이어가기 위해 억지로나마 혀를 내밀어야 하는 고통과 아무것도 할 수 없다는 부끄러움을 감수하면서 살아야만 했다. 흐릿해지는 의식 속에서 유일하게 할 수 있었던 것은 수없이 묻고 또 묻는 일이었다.

'대체 난 왜 태어난 걸까?'
'내가 이렇게 살려고….'

존재에 대한 부정과 미래에 대한 불투명으로 가득한 물음들은 발바닥에 굳은살이 박이도록 뛰고 가쁜 숨을 몰아가며 살던 어제가 결코 내일을 위함이 아니었음을 깨닫게 했다. 두려움과 고독이 밀려왔다. 내가 살아야 하는 이유가 모호해지고, 지난 수년간 앞만 보며 달려왔지만 한치 앞도 못 보는 비참한 현실이 불쾌하기까지 했다.

내 곁에 아무도 없는 것 같다는 차가운 예감에 서둘러 방으로 들어가 보니 잠든 아내와 아이들이 보였다. 이불을 걷어차며 자고 있는 아이의 부쩍 큰 손과 발에서 지난 세월의 야속함을 느낀다. 아내 얼굴에서는 세월의 흔적이 보인다. 나만 이 가정을 지키고 있다고 생각했지만 난 그들의 희생을 담보로 살고 있었던 것이었다.

결국 '언젠가는' 이라는 굴레에서 벗어나 '지금'이라는 순간에 초점을 맞추고 나서야 깨달았다. 멈추니 만져지고 걸으니 보이는 것이 있다는 것을 말이다. 이제야 비로소 가족과 같은 세상 속에서 살고 있다는 느낌이 들었다. 늘 짐을 메고 있던 등을 보여주었던 난 그들과 나란히 걷기로 했다. 감당하며 살던 삶에서 받아들이는 삶으로의 전환은 체념이 아닌 포용이었다.

일기예보에서 화창한 날씨라고 했지만 갑자기 소나기가 쏟아지던 그날 어머니의 정밀검사 결과가 오진이었음을 전해 들었다. 단념하고 있던 삶에 불확실성이 가져다준 결과는 오히려 감사했다. 삶과 죽음, 흑과 백, 된다와 안 된다 그리고 맞다와 틀리다의 이분법적 생각 속에서 불확실성은 그 안에 수많은 경우의 수가 있음을 알려주었다. 덥고 춥다 사이에 시원함과 따뜻함이 있다는 어린아이도 알고 있는 당연한 사실들을 말이다.

지금껏 인생에 정해진 예고편이란 없었다. 인생을 영화에 비유하곤 하지만 시나리오대로 되지 않는 것이 인생이기에 예기치 못한 일들을 겪게 되는 것은 당연한 일일지도 모른다. 그 당연한 일을 예상만으로 극복할 수는 없는 노릇이다. 예상이 연습 경기라면 삶은 실전이기 때문이다.

처음 직장을 그만둬야겠다는 생각을 할 때 일 년을 고민했다. 난 왜 여기를 그만두어야 하는지부터 앞으로 무엇을 할 것이며 어떤 준비를 할 것이고 어느 지역에서 살 것인가까지 많은 경우의 수를 두고 시나리오를 구상했다. 그리고 이직하기로 마음먹었을 때는 몇 가지 직업을 후보로 두고 고민했었다. 지원한다고 합격 시켜줄 것도 아닌데 무슨 배짱으로 직장을 고르고 있었는지 모르겠다. 불확실성은 배제하고 최상의 시나리오를 짜봤지만 그건 어디까지나 내 생각의 시나리오였을 뿐 삶은 불확실성의 연속이라는 말을 몸소 부딪혀가며 살아야만 했다. 예상대로 되지 않는 현실은 실패라고 정의 내렸다. 가끔 맛보는 성취감은 그 크기가 너무 작아 전혀 기쁘지 않았다. 확실한 믿음이 불확실한 현실과 뒤엉키면 그 믿음은 언제나 예상을 빗나가곤 했으나 성공과 실패 사이에서 감당해야만 했던 불확실성은 오히려 삶의 원동력이었다.

일기예보를 가장 정확하게 예측한다는 슈퍼컴퓨터도 오류가 밥

먹듯이 나는데 하물며 사람이 실수하는 것은 당연한 일이다. 확실한 삶이란 없을뿐더러 완벽함이란 불가능에 가깝다. 불확실한 삶 속에서 많은 경우의 수를 경험하고 최선의 결정을 내리는 것이 곧 성공에 더 가까워지는 길이라는 믿음만이 불확실한 삶의 걸음에 힘을 싣는 유일한 대책일 것이다.

PART 06

보통날

이른 아침 아이 둘을 어린이집에 보내고 아내에게 말했다.

"나갔다올까?"
"왜, 무슨 날이야?"

이젠 특별한 날은 돼야 외출한다는 관성이 생겨버린 아내의 말에
서글픔이 스며들었다.

"무슨 날이어야 나가나? 그냥, 가까운데 아무데나. 이제 곧 단풍
철이기도 하고."
"어머님 댁으로 가면 좋은데, 거기 단풍 예쁘잖아. 안가본지 오래
됐다."

입 밖으로 꺼내질 않아서 그렇지 가고 싶은 곳은 엄청 많은 아내
였다.

"우선 밥이나 먹자. 뭐 먹을까?"

"아무거나, 스파게티? 샤브샤브?"

먹고 싶은 것도 엄청 많은 아내다. 난 아침부터 무슨 스파게티냐며 아내의 손을 잡고 동네 밥집으로 향했다. 머릿속은 분명 레스토랑이라는 단어가 떠올랐지만 발길이 향한 곳은 한 그릇에 육천 원인 순대국밥집이었다.

오전 아홉 시를 넘긴 시간의 식당엔 새벽일을 마치고 온 현장 작업복을 입은 아저씨들과 식당 아주머니를 이모라 부르는 옷가게 직원뿐이었다. 국밥 한 그릇씩을 앞에 두고 마주한 부부는 당연하듯이 아이들을 주제로 이야기를 시작한다. 네 살 터울 두 아들의 이야기는 뚝배기 안의 국물이 식어 갈 때까지 멈추지 않았다. 주위의 시선은 아랑곳하지 않고 우리 아이들은 이렇게 키워야 한다며 목에 힘을 주는 모습이 아줌마가 다 된 것 같다. 한 여자가 누군가의 아내가 되고 누군가의 엄마가 되면서 자연스럽게 아줌마가 된다는 것은 세월이 가져다주는 불가항력적 과정이라 여겼다. 그런데 이제와 보니 아줌마가 된다는 것이 꼭 나이 듦의 문제만은 아니었다. 부모 밑에서 금지옥엽 커왔던 시절의 특권, 그리고 구애를 펼치던 남자에게 도도함의 극치를 보여주던 그때의 특권은 다 버리고 지금의 역할을 해내고야 말겠다는 책임감이 가져온 한 여자의 응집된 결과물인 것이다. 나만 가정을 위해 희생한다고 생각했고, 나만 나를 잊고 살아간다고 생각했는데 아내 역시 이미 자신을 잊고 산 지 오래였다.

그렇다면 아내도 분명 나처럼 외로울 때가 있었을 것이다. 외롭다는 것은 관계의 결핍에서 오는 쓸쓸함이 아니라 버틸 힘의 고갈에서 오는 쓸쓸함 같은 것이었다.

오늘만큼은 뚝배기 국물로 아내를 대접하면 안 될 것 같았다.

"점심은 여보 좋아하는 스파게티 먹으러가자."
"됐어. 밥 먹고 마트 가서 애들 간식거리나 좀 사자."

늘 괜찮다는 말을 입에 달고 사는 사람의 생활방식이 빚어낸 관성의 법칙처럼 단칼에 자르는 아내의 말에 오기가 생겼다. 평소 같았으면 알겠다고 대답했겠지만 오늘만큼은 물러설 수가 없었다.

"점심메뉴로 먹으면 싸게 먹을 수 있어. 그거 먹고 장보러 가자."

하지만 그 관성도 적당한 타협 앞에서는 쉽게 무너지기 마련이었다.

"그럴까?"

아내의 얼굴에 화색이 돌았다.

"근데 어디로 갈까? 옷 좀 잘 입고 올 걸."

아내의 말에 피식 웃음이 났다. 식당 한쪽 구석에서 식당 주인아주머니가 아침 드라마를 보고 있다. 드라마를 흘겨보며 들깨가루 가득 넣은 국밥을 호로록 소리까지 내가며 삼키고, 깍두기를 앙 베어 무는 그런 아내를 바라보며 잔잔한 음악이 흐르는 곳에서 포크에 돌돌 말린 스파게티를 얌전히 입에 밀어 넣을 아내의 모습이 교차되자 또 한 번 웃음이 새어나왔다.

일상은 축복이다. 주어진 삶에 죽자고 덤비는 게 아닌 살면 살아진다고 생각하는 게 훨씬 자연스러웠다. 바가지에 담긴 물은 몇 번의 떠올림에 곧 바닥이 드러나게 되지만 바닷물은 아무리 퍼도 그대로인 것이다. 늘 바가지에 담긴 물이 전부인 것처럼 껴안으려는 마음으로 살았다. 마음만이라도 풍요로운 삶. 바로 보통의 삶이었다.

어느덧 아줌마와 아저씨가 된 환상이 커플은 점심이 되기만을 기다리며 한참동안 이야기꽃을 피웠다.

"고마워."
"나도."

무엇이 고맙고 무엇에 대한 대답인지 주어가 명확하지 않았지만 그건 중요하지 않다. 삶에도 단계가 있다면 보통 수준부터 시작일 것이다. 보통의 삶을 소중히 여기려 한다. 이로써 특별한 순간을 맞이할 자격을 충분히 갖추었다.

내일 미세먼지는 보통이라고 한다. 요즘엔 보통날만 되도 기분이 좋다. 아저씨 되는 게 뭐가 대수고, 아줌마 되는 게 뭐가 대수일까. 그저 하루하루 살아갈 희망만 있다면 족한 것을.

오늘 늦은 퇴근길에는 나의 퇴근만큼 늦게 문을 닫는 동네 치킨 집에 들러 아내가 좋아하는 옛날 통닭 한 마리와 편의점에 들러 캔 맥주 두 개를 사서 집으로 향할 것이다. 늦은 시간까지 아이들과의 전투에 흐트러진 아내의 머리가 벌써부터 그려진다. 그리고 수고했다는 말에, 오늘 어땠냐는 아내의 말에 오늘도 보통으로 잘 살았다고 말해줄 것이다.

PART 07

그래도 내 인생

어머니가 계시는 곳, 즉 내가 태어난 곳에는 특이한 이름의 산이 하나 있다. 그 안에 숨겨진 것이 무궁무진해 마치 양의 내장 속에 숨어들어간 것과 같다하여 '내장산'이라 이름 지어진 산이다. 이름이 특이해서 그렇지 우리나라에서 단풍으로는 다섯 손가락 안에 꼽히는 명산이다.

산의 명성답게 가을이 되면 먼 길 마다하지 않고 찾아오는 관광객들로 동네는 발 디딜 틈 없이 북적거린다. 그래서 가을이 오면 동네 전체가 떠들썩하여 마을 잔치가 따로 없었다. 갈수록 인구가 적어지는 이유로 마을에 사람들이 찾아와주는 것은 반가운 일 중 하나다. 그래서 어머니는 늘 가을을 기다린다고 했다.

기다리는 것은 비단 마을 사람들뿐만이 아니었다. 찾아오는 관광객들에게도 기다림이란 필수조건이었다. 단풍축제가 한창인 지금이 아니었다면 톨게이트를 지나 이십분 안에 도착할 곳을 섰다 멈추기를 무한 반복하는 차안에서 긴 시간을 기다려야했다. 차에서야 그렇다 쳐도 도착 후 매표소에서는 뱀처럼 구부러진 안내선을 따라 제자리만 빙빙 도는 것 같은 경험을 해야 하고 또 한 끼 식사를 위해서는 짊어지고 온 배낭을 의자삼아 앉아 기다리려야 하는 수고를 감내해야 하는 것이 가을산의 대표적인 모습이기도 했다. 어쩌면 사서 고생한다는 말 밖에는 표현할 길이 없는 이 상황을 아내와 난 기어이 강행하고 있었다.

가을의 숨결은 다른 계절에 비해 꾸밈이 없다. 표지판에 산사(山寺)가 보였다. 산사는 고독이라는 단어가 가장 잘 어울리는 존재다. 찾아오는 이가 없을 때면 외로움과 고독함으로 세월을 버티고 있었을 것이다. 버팀의 세월을 이기니 많은 사람들이 찾아왔다.

"어지럽다."

이방인으로서의 낯선 기분이 아내에게 현기증을 일으켰을 것이다. 이방인의 눈에는 평범함도 특별함으로 느끼게 만드는 재주가 있다. 그 특별함은 새로움이고 새로움이 곧 특별함인 것이다

송골송골 맺히는 이마의 땀도, 산사에 오르는 중턱에서 허리를 잠깐 펴본 사이에 보이는 나무와 꽃들마저 새로웠다. 집에선 파리채를 피해 다녔을 풀벌레들도 이곳에선 앨범에 담길 배경이 되어 목숨을 부지하기도 한다. 얼마를 올랐을까 물 한잔 먹었으면 좋겠다는 생각이 들 때 쯤 졸졸 소리를 내며 떨어지는 약수터가 보인다. 이쯤에 목이 마른 것이 나 뿐만이 아니었으리라.

돌아보니 많이 올라왔음을 느낀다. 돌아보면 내가 이렇게 열심히 살았음을 아는데 앞을 보면 올라야 할 산이 그저 높기만 하다. 내장사까지의 300미터 구간엔 불교의 108번뇌의 의미로 108그루의 단풍나무가 서있다.

절벽위로 만들어진 난간에서 바라본 풍경은 험준한 산세와 어우러져 장관을 이룬다. 눈을 아무리 크게 떠봐도 담아지지 않는 절경을 볼 때라면 인간의 눈이 물고기처럼 180도를 볼 수 없는 것이 안타까울 정도다. 팔을 벌리자 바람이 주저 없이 온몸을 감싼다. 바람에게 형태가 있다면 꼭 손과 같을 것이다. 온몸을 돌아 머리로 향해 머리를 쓰다듬어주듯 머리카락 한 올 한 올을 세어가며 이마를 드러내게 만드는가 하면 악수를 하듯 손가락 사이를 간질이듯 타고 넘어가는 바람에 손가락을 꼼지락 거리게 만든다.

바람이 시키는 대로 풍경은 불규칙적인 소리를 내다. 바람이 시키지 않으면 절대 소리를 낼 리 없는 풍경은 억지로 했다고 하기엔 그 역할을 너무나 잘 해주고 있다. 눈을 감게 만들고 다음 음을 기대하게 만들고 사람마다 다른 음악처럼 들리니 말이다. 산사의 모서리를 돌면 사람들의 소원이 적힌 기왓장들이 구석진 곳에 하나씩 자리를 차지하고 있다. 건강과 행복이 소원의 대부분인걸 보면 부귀영화가 인생의 전부가 아님을 느끼게 해준다. 기왓장 틈 사이로 망원경을 보듯 한쪽 눈을 감는다. 작은 틈새로 보이는 세상. 꼭 두 눈을 부릅뜨고 살아야만 다 보이는 것이 아님을 알게 해주니 감히 해탈한 기분마저 든다. 이토록 이방인의 눈에는 모든 것이 새롭다. 평소엔 지나치고도 남을 것들도 낯선 곳에서는 모두 의미가 된다. 그러니 지금 모든 것이 특별하다.

특별한 삶을 살 게 될 것이라는 생각을 갖게 된 것이 내 스스로의 생각만은 아니었다. 최초의 시작은 부모님과 할아버지로부터 장군감이라는 별칭과 더불어 크게 될 인물이 될 거라는 기대감을 받고 자라면서부터일 것이다. 지극히 나의 상태는 개의치 않은 결정들이었다. 이 효과가 내게 미치는 영향은 작지 않았다. 영화에 나오는 슈퍼 히어로를 보면서 내가 혹시 지구를 지키는 영웅이진 않을까 하는 생각에 아무도 없는 골목길에서 물레방아를 도는 히어로의 동작을 따라하며 변신하길 기대했다. 하지만 당연히 아무 일도 일어나지 않았다. 난 보통 아이일 뿐이었다. 세상이 모두 내 마음대로 될 것 같던 초등학교 시절. 받아쓰기 백 점을 받은 것 하나에 대통령이 될 것이며, 대학은 서울대가 아니면 안가겠다는 타당성 없는 말을 뱉어댔다. 하지만 곧 중, 고등학교를 거치면서 분수를 아는 사람이 되어갔다.

그렇게 언제부턴가 꿈과 현실이 타협의 길에서 만나면 늘 현실이 꿈을 집어 삼켰다. 청춘을 포기해서 성공을 보장 받을 수 있다면 기꺼이 포기하겠다던 마음으로도 당해내질 못했다. 그걸 이길 방법은 도저히 없어보였다. 그렇게 난 보통의 존재가 됐다.

술술 풀리기를 원했던 삶. 순조롭지도 않고 오히려 굴곡진 인생

길이다. 그 골이 얼마나 깊을지를 더 살아보면 알 수 있을까도 미지수다.

"아, 너무 좋다."

찬찬히 아내의 얼굴을 살펴봤다. 아내 역시 순조롭지 않았음이 표정에서 드러난다. 연애할 때 사준 목걸이와 귀걸이가 유일한 아내의 장신구다. 아내에게 꼭 호강시켜줄게라는 말을 했더니 보통으로만 살고 싶다고 말하는 아내의 입가의 주름살에 미안함이 커진다.

가을의 감수성을 닮은 아내는 가장 고와보이는 단풍잎 하나를 주워 수첩에 껴놓는다. 언젠가 수첩을 펼쳤을 때 빳빳하게 굳어 누워 있는 단풍잎을 보면서 오늘의 추억을 되새김질 할 게 틀림없다. 눈으로는 도저히 담을 수 없을 풍경은 멀리 볼수록 더욱 찬란한 빛을 뿜어내는 듯했다. 햇살을 머금은 단풍들이 그 속까지 드러내며 사람들을 취하게 하니 깜깜한 밤하늘에 터지듯 수놓은 불꽃들을 보는 것과 다를 바가 없었다. 그렇게 화려한 명성을 지닌 산에는 해가 뉘엿뉘엿할 무렵까지 많은 사람들의 발길이 계속됐다.

학창시절까지만 해도 너무 자주 와서 지겨울 정도였는데 이제는 어쩌다 한 번 크게 마음을 먹어야 올 수 있는 곳이 됐다. 마주하는 순간들이 빈번함에서 희소함으로 옮겨지는 순간 눈앞의 광경의 농도는 더 짙어진다. 어쩌면 산의 단풍과 동네의 길거리의 단풍은 다를 게 없을지도 모른다. 다만 산길을 따라 흐르는 계곡의 물소리와 한 그루의 나무에서는 볼 수 없는 군집의 힘 그리고 맛집을 찾아 먼 길의 수고로움을 겪음과 찰나의 순간조차 허비지하 않겠다는 정성이 한 데 섞여 특별한 순간을 만들었을 것이다. 평범함과 특별함을 구분 짓는 것은 특정한 기준이 있어서가 아니다. 바라보는 눈과 마음에서 비롯되는 지극히 주관적인 것이다. 그렇게 평범함은 특별함으로 진화하는 것이다. 여행도 마찬가지다. 여행이 꼭 공간의 이동이 선행되어야 하는 것은 아닐 것이다. 서로의 목적이 달라도 지금이 즐거운 순간이라면 그것이 곧 여행인 것이다. 그래서 삶은 여행인 것이다. 게다가 어딜 향하는지의 목적지의 비중이 누구와 함께 무엇을 바라보는가의 의미로 확장될 때 삶은 채워지기 시작한다.

채워진다는 것은 차오름의 의미와 함께 비워내야 함도 포함하고 있다. 즉, 비워야 채워진다는 의미다. 낙엽이 떨어지고 단풍잎이 붉게 물드는 이유는 잎사귀의 엽록체가 노화되면서 모든 세포가 깨끗이 비워지는 까닭이라고 한다. 모든 것을 비워 눈부심을 채운 것이다. 하지만 자신의 이런 처지를 알아주지 않고 위로도 해주지 않는 사람들이 야속하기도 했을 것이다. 그러나 겨울이 되면 찾아오지 않을 그들이었기에 고독을 견뎌내기 위해 가장 밝은 모습을 보이는 것이 바로 자연의 처세일지도 모른다는 생각에 마음이 아련해진다.
겨울이 지나고 봄이 오면 낙엽이 떨어진 가지의 마디마디에서 새로운 싹이 움튼다. 새로운 싹이 트기 위해서 낙엽이 지는 것은 당연하다. 인간의 삶도 자연의 일부이니 떨어지는 것을 두려워 할 필요는 없다는 공식이 성립되는 것이다. 하지만 난 여전히 두렵다. 실패도 두렵고, 실수도 두렵다. 나이가 들수록 실수하면 안 된다는 강박관념이 날 더욱 소심하게 만들고 더 이상의 절망을 느끼고 싶지 않은 마음에 배짱은 온데간데없다. 지극히 안전지대에서만 머무르고 싶어졌다. 가장 큰 두려움은 잃는 것도 아니고 불행도 아니었다. 모든 것이 가능해 보였던 것들이 아무것도 이루어지지 않았다는 두려움이었다.

하지만 다행인 것은 희망이 절망보다 격렬하다는 것이다. 비교우위에 앞선 희망이 있다면 그럭저럭 버틸만한 게 인생인 것이다. 세상은 버티는 자들에게만 주어지는 이익 분배의 공간이기에 버티기만 해도 나의 몫은 챙길 수 있게 된다. 그러니 내 삶이 지금 깊은 낭떠러지에 있다면 올라와야 한다. 내 몫을 챙기기 위해서 말이다.

올라오는 방법은 의외로 간단하다. 첫째, 절대 혼자서는 될 수 없다는 것이다. 위로받고 싶을 때 위로 받고, 도움을 받아야 할 때는 도움을 받아야 한다. 둘째, 누군가 내 마음을 알아줄 것이라는 기대감은 버려야 한다. 아무리 친한 친구라 할지라도 하물며 가족일지라도 내 마음을 알지 못한다. 그리고 나의 힘듦을 누군가가 알아차리게 됐을 때 자존심에 상처받을 것이라는 착각도 버려야 한다. 나에게만 재앙이지 누군가에겐 해프닝에 불과할지 모르기 때문이다.

웹툰 미생의 한 대사였던 "그래봤자 바둑, 그래도 바둑"의 표현처럼 "그래도 내 인생, 어차피 내 인생"이게 내가 삶을 대하는 자세다. 내게 허락된 세상. 아직 내가 꿈꾸던 삶을 세상은 허락하지 않았다. 절실하지만 목마르다고 구정물을 마실 순 없는 노릇이다. 처절한 몸부림이 있다면 몇 번이고 다시 시작할 수 있는 용기가 생겨난다.

질풍경초(疾風勁草), 바람이 세게 불어야 비로소 강한 풀인지 알 수 있는 것이고 높은 나무일수록 바람에 크게 흔들리는 법이다.

Bravo
My Life

PART 01

척박한 땅과 비옥한 땅

전라도와 충청도 경계 부근에 있는 처가에서는 벼농사를 짓는다. 아내가 태어나기 전부터 하셨으니 두 분이서 농사를 지으신 것도 벌써 삼십 년이 훌쩍 지나셨다. 농사일에 네 일 내 일이 따로 있는 것은 아니지만 주로 논에서 하는 일은 장인어른이 그리고 밭에서 하는 일은 장모님이 맡아서 하시는 편이다. 바쁠 때는 손 하나가 아쉬운 게 농사일이기에 내려갈 때마다 뭐라도 좀 도와드리려고 하지만 지금은 먹고 살기 바쁘다는 핑계로 그마저도 못하고 있다. 모내기나 수확하는 시기에 맞춰 모종도 나르고 큰 짐이라도 실어 나르면 좋겠다만 트렉터 같은 농기계는 고사하고 트럭 하나도 몰지 못하니 고작 단순 노동만이 내 몫이었다. 지금의 벼농사는 기계화가 많이 돼서 단순노동의 손길은 밭이 더 절실했다. 어느 날은 고추를 따기도 하고 또 어느 날은 양파를 뽑기도 한다. 기술이 없으니 힘으로나마 보태니 다행이라는 생각을 하면서도 두 아들 녀석들에겐 나중에 공부보다 쓸 만한 기술 하나 배우게 하는 게 낫겠다는 생각마저 들었다.

헐렁한 몸빼바지에 '농약'이라는 커다란 글자가 박혀있는 모자를 쓰니 영락없는 시골 아저씨였다. 장모님 뒤를 따라 도착한 곳은 벼들이 차지하고 남은 자투리 공간들이었다. 주된 작물이 콩이 아니지만 남는 땅이 아까워 콩을 심는다고 하셨는데 차들이 다니는 길가 옆에 손이 닿을 공간만 있으면 그곳에 콩을 심을 수 있었다. 처음엔 바짝 마르고 윤기라곤 전혀 없는 이곳에서 콩이 나고 자랄까 의아하기도 했지만 콩은 뿌리만 내릴 수 있으면 모진 바람도 알아서 견뎌내며 잘 자란다고 한다. 대단한 생명력이다. 경사진 곳에서 그것도 삐딱한 자세로 안하던 육체노동을 하다 보니 오른쪽 다리가 저려오기 시작했다. 허리가 뻐근한 것이 두어 시간은 일한 것 같은데 고작 삼십 분 숙이고 있었다는 말에 식은땀이 나는 것만 같았다. 장모님도 쉬운 일이 아니신 듯 연신 허리를 펴신다. 아직 심어나갈 길이 구만리처럼 보였다. 도와주는 사람 없으면 혼자 나오셔서 틈틈이 심으신다고 하시는데 가까이 있지 못하는 게 못내 죄송스럽기까지 했다. 쪼그려 앉은 장모님의 뒷모습은 마른땅만큼 퍽퍽해 보였다.

"이런 땅에서도 자라는 게 신기하지?"

이제는 이것도 힘들다며 흘러내리는 땀을 닦아내신다.

"네."

"척박한 땅은 척박한 대로, 비옥한 땅은 비옥한 대로 다 심어질 작물이 있는 거야. 우리가 먹는 음식을 봐봐. 콩이랑 고구마는 척박한 땅에서도 잘 자라는데 마른땅에서 자랐다고 해서 하찮게 여기거나 무시하는 일은 절대 없는 법이야. 하물며 비옥한 땅에서 자랐다고 해서 다 대접받는 것도 아닐세. 하지만 그게 비옥한데서 자랐든 척박한데서 자랐든 키운 입장에서는 모두가 소중한 존재들이고 떨어지는 한 톨의 콩조차도 지나치기 아까운 존재인 것이야. 온실 속의 화초라는 말이 있지? 보기엔 좋아보여도 비바람 한 번만 맞으면 쓰러지게 돼 있어. 그리고⋯."

하나의 싹이라도 틔우기 위한 척박한 땅에서의 악착같은 삶. 내 삶이 그러했다. 황무지 같은 나한테서 싹이 자란들 분명 얼마 가지 못해 시들어버릴 것이라는 생각이 하루에도 스무 번이었다. 두려움이 용기를 삼키면서부터는 어쩌면 그마저도 자라지 못할지도 모른다는 생각에 늘 일어서려다 주저앉길 반복했었다.

장모님은 다음 말을 아끼셨지만 내게 인생은 비록 힘들어도 버릴게 없으니 귀하게 여기고 화려하기보다 비바람에도 끄떡없는 사람으로 살아갔으면 좋겠다는 말씀이 하셨을 것 같다는 생각이 들었다.

때마침 불어오는 바람이 지쳐가던 마음 사이로 스치자 문득 이런 생각이 들었다.

'혹시 내 안에선 싹 틔울 준비를 하고 있는데 내가 그 희망조차 누르고 있었던 것은 아니었을까?'

들려오는 소리에 용기 내어 마음속 깊숙이 박힌 돌멩이를 하나 치우니 그 안엔 촉촉한 땅이 숨어있었다. 잡초를 뜯어가며 마음의 밭을 일구어내니 그 안에는 작은 생명들이 숨 쉬고 있었다. 난 대체 무엇을 보고 척박하다고 했을까. 척박한 땅도 주인의 손길이 어떻게 만져지는가에 따라 그 쓰임이 달라질 것이 분명했다. 척박하다고 해서 그 열매조차 보잘 것 없는 것도 아니었다. 오히려 땅의 질보다 중요한 건 내가 어떤 씨앗을 품고 있는가가 될지도 모른다.

내가 나에게 묻는다. 어떤 주인을 만나서 내 마음속 씨앗을 품을 거냐고. 그런데 그 주인은 바로 나였다. 거울을 보니 얼굴엔 풀 한 포기 피지 않을 것 같이 척박한 모습이다. 마치 가뭄 같았다. 하지만 이제 비를 내려줘야 할 때가 온 것 같았다. 내안의 주인은 나였기에 내가 모든 걸 선택해야만 했다. 비를 내리는 것도, 햇볕을 내리는 것도. 적당하면 거름이 될 것이고, 지나치면 재난일 될 것이었다. 한 방울의 참기름은 고소하지만 지나치면 쓴 맛이 나는 것처럼 말이다.

매일 맑으면 가뭄이랬다. 매일이 행복할 순 없지만 매일이 불행하지도 않을 것이다. 살아보니 그러했고 앞으로도 그러할 것이라 믿는다. 파우스트는 인간이 노력하는 한 방황하는 법이라고 했다. 나의 척박함이 행여나 방황이라면 그건 지금 노력하고 있다는 증거다. 여기에서 틔운 싹은 분명 달콤한 열매가 될 것이다.

PART 02

밥 한 번 먹자

"어이, 친구. 잘 지내지? 밥 한 번 먹자. 양평 한 번 놀러와."
"응, 그럴게."

'밥 한 번 먹자.' 세상에서 가장 흔하고 의미 없는 인사로 '끊을게. 잘 지내'라는 말을 하기에는 무언가 아쉬움이 남으면서도 마땅히 마무리할 말이 없을 때 주로 쓰는 표현이다. 하지만 같은 말도 기분과 감정에 따라 다르게 정의되는 것처럼 이 날의 '밥 한 번 먹자.'라는 말은 내게 기억에서 멀어지지 말자라는 의미로 들려왔다.

머뭇거리는 나의 마음을 알아챘는지 그는 말을 이었다. 평상시 같았으면 이쯤에서 주머니 속으로 들어갈 휴대폰은 양쪽 귀가 데워질 때까지 손을 내려놓지 못하게 했다. 결국 그는 말 나온 김에 날을 잡자며 당장 주말에 오라는 말로써 기어이 나의 확답까지 받아냈다. 목적을 달성했다는 듯 흐흐거리는 웃음을 듣고 나서야 내 귀는 찬 바람을 맞을 수 있었다. 여전히 그는 진취적이고 매사에 박력이 넘쳤다.

십년 전 회사에서 처음 만난 그와는 이제 십년지기가 된 사이다. 내가 회사를 그만둔다고 했을 때도 가장 아쉬워했던 친구다. 그는 매일 야근으로 아이들은 어떻게 커가고 있는지도 모르겠다며 볼멘소리도 내곤 했지만 주어진 일은 완벽하리만큼 해내는 성격이었다. 지금 당장은 힘들어도 버텨내서 꼭 균형 있는 삶을 살자며 술 한 잔 기울이는 낙으로 살았던 그였다. 그런 그에게도 말 벗, 인생의 벗이 떠난다고 하니 많이 속상했을 일이었다. 몇 날 며칠을 어지간히도 내 마음을 돌리려 했지만 당시의 난 아무것도 들리지 않는 귀머거리였다. 그의 마음을 알지 못했던 것도 아니지만 내 선택이 틀리지 않았다는 모습을 보여주고 싶었다. 하지만 무언가 보여줘야만 끝낼 수 있다며 닦달하듯 세운 각오가 여전히 시작은커녕 탐색전도 끝내지 못했다는 사정이 부끄러웠고 뱉었던 말에 책임을 지지 못한 모습 역시 보여주기가 싫어 늘 소극적으로 다가갈 수밖에 없었다. 나에게 늘 '언제 밥 한 번 먹자.'고 먼저 전화해주던 그에게 난 늘 갚아야 할 마음의 빚이 있었다. 그의 물음에 지키지 못할 대답을 하는 것만이 그의 기억 속에서 사라지기는 싫은 내 나름의 처세였던 것이다.

주말이 되어 양평으로 이동했다. 옛 생각에 괜한 웃음을 머금자 실없다는 듯 아내가 바라본다.

"기름 좀 넣고 가자."

"방금 전에 있던 주유소보다 여기가 더 싼데?"

시골이니 기름 값이 더 싸진 않을까 하는 마음이 생겼다.

"그래? 그럼 조금만 더 가볼까?"

포장도로와 비포장도로의 구분이 불명확한 길을 따라 듬성듬성
주유소가 보였다.

그깟 1원, 2원이 뭐가 대수일까 싶으면서도 주유 경고등을 무시
한 채 억지스러운 발길을 재촉하기에 바빴다. 그렇게 두 군데를 지
나쳤지만 그 이상의 싼 곳은 보이질 않았다. 가장 싼 곳은 아직 나
오지 않았다는 애초의 확신은 갈수록 올라가는 기름 값을 보고나서
야 깨졌다.

"아까 넣을 걸 그랬나?"

이럴 줄 알았으면 좀 전에 냉큼 들어갈 것을 허무함과 민망함에
멋쩍은 웃음만 지었다. 삶이란 선택과 결심이 반복되는 과정이라는
것을 이 사소한 일에서조차 깨닫게 해준다. 결국 가장 비쌌던 1,628
원과 가장 저렴했던 1,550원을 기준으로 적당한 타협에 들어갔다.
1,585원. 최선의 타협점이었다.

약속된 장소엔 이미 친구네의 가족이 기다리고 있었다. 어떤 말

부터 꺼내야할지 몰랐다. 잘 지내는 척, 괜찮은 척하려 최대한 웃음을 지어보려 애썼다. 하지만 수년간 사무적인 사람들과의 관계망 속에서 지쳐가던 난 허울 없는 정서의 공존에 목말랐을지도 모른다. 잘 왔다는 눈빛을 보니 어깨에 들어간 힘도 빠지기 시작했다. 벌떡 일어나 반기는 친구의 손을 덥석 잡았다. 잡은 손을 놓지 못한 채 지그시 바라봤다. 친구의 주름이 하나 늘었고 머리에 흰머리 몇 가닥이 몇 년의 세월이 지났음을 대신 알렸다.

"잘 지냈냐?"
"그렇지 뭐."

고작 꺼낸 답변이 '그렇지 뭐'라니…. '나 너무 잘 지낸다.'는 말을 하려고 그동안 숨어 지내듯이 살았는데 결국 내 계획은 수포로 돌아갔다.

"넌 어때?"
"나도 똑같지 뭐."

아장 아장 기던 아이가 어느새 초등학생이 된 지난 세월이 야속하리만큼 빨랐다. 더 야속한 것은 그 사이에 무언가 나아지지 않았다는 현실을 변명이라도 하고 싶지만 그렇지 못한다는 것이었다.

"자, 앉자."

친구는 내가 퇴사한 이후에 나만한 사람이 없어서 일하기 너무 힘들었다는 말로 말문을 열었다.

"너 나가고 나서 민석이 승진하고, 은수는 얼마 전에 다른 곳에 발령 돼서 나가고."

친구 입에서 함께 일하던 사람들의 이름이 튀어나오자 그의 음성은 영상이 되어 눈앞에 그려지기 시작했다. 사람의 기억력이란 생각보다 그 저장 공간이 깊고 넓다. 차곡차곡 쌓여진 기억들이 누군가 내게 '그때 그 일은 책상 왼쪽 아래 두 번째 서랍에 있어.'라고 알려주듯이 머릿속에서 고이 꺼내주었다.

술이 한 잔 들어가자 친구가 넌지시 말을 꺼낸다.

"너 회사 그만두고 나니깐 나도 그만두고 싶더라. 그런데 차마 용기가 나진 않았어. 늦은 밤 들어갈 때마다 자고 있는 처자식을 볼 때면 더욱 그럴 수가 없었지. 현실과 타협하는 것 같아 자존심도 상했지만 다 내가 선택한 것이니 책임져야지라는 마음으로 살게 되더라. 그래도 다행히 사람구실은 하면서 살고는 있으니 이만하면 된거지. 다 선택인 것 같아. 너의 선택, 나의 선택. 그 선택으로 우리 삶이 살아지는 거니깐."

친구는 말을 이었다.

"쉽지 않지? 다 그런 거지. 그래도 난 네가 자랑스럽다. 생각만큼은 안 될지 몰라도 넌 충분히 잘하고 있을 거라 믿는다. 그니깐 연락 좀 하고 살아 인마."

적당한 타협을 위한 안전한 선택 그리고 그 선택에 따른 책임. 그거면 나름 균형 있는 삶이라고 친구는 말했다.

예전의 나에게 균형의 모습을 물어본다면 하루를 세 조각으로 나눠 한 조각은 일을 하고, 한 조각은 휴식을 취하고, 한 조각은 가족을 위한 삶을 살아가는 그런 쏠림이 없는 삶을 의미한다고 답했을 것이다. 늘 그러한 삶을 꿈꿔왔고 그렇게 살지 못한다면 능력이 없는 삶은 아닐까 노심초사 해가며 대체 남들은 어떻게 살고 있는지를 늘 기웃거렸다.

하지만 삶의 양쪽 끝단의 경험을 치러보고 나서야 균형의 의미를 알 수 있었다. 오직 치우치지 않는 것이 균형인 줄 알았던 내게 균형이란 각자의 삶과 환경에 따라 완벽하게 다른 해석이 될 수밖에 없다는 것을. 그리고 그것을 깨닫기까지 꽤 큰 기회비용을 지불했음도 인정할 수밖에 없는 일다.

정시퇴근을 기대했던 거와 달리 밤 12시 퇴근의 균형점, 전쟁이 나도 정해진 날 정해진 급여가 나오던 때에는 몰랐던 예측하기 힘든 급여의 균형점. 그 균형점을 찾으러 우리는 적당한 선택과 적당한 타협을 하며 사는 것은 아닐까?

PART 03

과거 있는 남자

그 사이 친구는 한 번의 승진을 했다고 한다. 우스갯소리로 가장 잘 나갔던 내가 퇴사한 덕에 경쟁자 한 명이 줄어 그런 거라며 고맙다는 말까지 한다. 그런 그에게 나 역시도 한 번의 승진이 있었다고 응수하니 역시라며 치켜세워준다. 거래처 마감 시기를 잘못 계산해 사장님께 된통 깨지고 밤샘 작업을 했던 그때가 이젠 안주거리다 될 줄은 몰랐다며 그는 내 과거의 치부까지 들춰냈다. 허물없이 무언가를 털어놓아도 사심 없이 받아들여주는 사람이 있으니 평온함마저 느껴진다. 그는 그렇게 날 과거로 데려다 주었다. 마치 그때가 '내가 알던 너란 사람이 가장 잘 뛰어놀던 때'라는 것을 말해주려는 것처럼 말이다.

옛 이야기를 들으면 시간도 거꾸로 갈까싶었지만 기다릴 줄 모르는 시간은 캄캄해진 하늘 위로 드문드문 아쉬움만을 묻어내고 있었다. 그 아쉬움의 반짝임이 짙어질 무렵 마주하고 있는 우리는 다음 만남을 기약하며 일어났다. 만남 뒤엔 언제나 헤어짐이 따르는 법이지만 알면서도 익숙하지 않은 시간이다.

"연락 좀 자주 하고 살자."
"그래. 잘 지내고, 또 보자."

기약 없는 '나중'임을 알면서도 서로는 응당 그 말이 최선임을 알고 있다. 지난 얘기에 밀려 하지 못한 지금 사는 이야기들은 기억 속 서랍에 잠시 넣어두기로 했다.

수년전부터 바로 어제까지 묵혀두었던 감정들. 전부라고 할 수는 없지만 조금은 내려 보내는 기분이었다. 이동하는 길은 생각보다 멀었지만 창가에 비친 내 얼굴엔 피로함은 어디에도 없어 보였다.

"오랜만에 친구 만나니깐 좋아?"

아내의 '오랜만'이라는 말에 마음이 멈췄다. 그리고 '친구'라는 말에 마음이 움직였다. 회사를 비롯한 다양한 이해관계 속에서 만나는 사람들은 현재형 삶의 동반자적 역할을 한다. 그러다보니 어느 순간 '친구'란 과거의 기억을 되살릴 때나 사용되는 좋은 도구가 된 것 같았다. 오늘 만난 친구도 현재형 관계 속에서 만났음은 틀림없다. 적어도 내 휴대폰 주소록에서 '직장'이라는 그룹에 그의 이름이 적혀있으니 말이다. 휴대폰을 처음 선물 받았던 학창시절 당시의 주소록엔 가족과 친구라는 그룹이 전부였다. 시간이 흐른 지금, 휴대폰 주소록은 16개의 그룹으로 늘었다. 풍요속의 빈곤이랄까. 세월이 흐르는 동안 알게 된 사람은 늘어났지만 친구 목록은 점점 줄어들고 있었다. 과거의 나와 현재의 나를 이어주는 교두보 역할을 해주는 그게 곧 친구가 아닐까.

늘 앞만 보기에도 바빴던 삶에서 지난날을 돌아보는 것은 매우 비생산적이면서도 시간 낭비라는 생각을 해왔다. 특히 안 좋았던 기억이 강했기에 회피하기 마련이었다. 그러나 한편으론 지나간 것을 바라보는 것이야말로 굴레로부터의 해방일지도 모른다는 생각이 들었다. 현실을 도피하고 벗어 난다기 보다 한 번쯤은 어쩌다 어른이 된 내가 과거의 나를 만나볼 필요도 있지 않을까. 그게 꼭 친구가 아니라도 말이다. 과거의 나와 만나면 어떤 이야기를 해줄 수 있을까? 돌이킬 순 없지만 앞으로 어떻게 살아야 할지는 알려줄 수 있을 것 같았다. 그리고 과거의 나를 만난다면 곧 미래의 내가 지금의 나를 찾아올 것도 같았다. 잘 살고 있다고 응원해주러 말이다.

그래서,
지금

PART 01

제대로 사는 법

세상을 들썩이게 할 정도의 부와 명예를 거머쥔 누군가가 되는 것은 바라지도 않았다. 내 몸 하나 건사하며 사는 것이야 말로 팔자라는 뿌리에서 맺을 수 있는 유일한 인생 열매라고 생각했다. 다행히도 초반엔 순조로운 인생과 순탄한 삶이 허락된 듯 보였지만 열매의 달콤함은 오래가지 못했다. 누군가의 자랑거리에서 걱정거리로 전락하는 것은 한 순간이었고 평범함이 가장 힘든 일이라는 어른들의 말에 고개를 끄덕이게 되는 것도 한 순간이었다.

돌이켜보면 인생이 참 이분법적이다. 열탕과 냉탕, 흑과 백에서 미지근함과 흐릿함은 찾아볼 수 없으니 말이다. 어디서든 중간만 하면 된다던데 중도의 삶을 살기가 이렇게 어려운 것인지 미처 알지 못했다.

내가 사람구실 못하며 살게 된 시작점이 스물아홉이었으니 이제만 7년차에 접어들었다. 누군가 아홉수라며 위로했지만 아홉수 두 번만 겪었단 황천길 직행이다.

이런 농담도 할 줄 아는 것을 보니 아무리 아픈 것이라도 시간이 지나면 아물기 마련인가보다. 이제는 버틸 만하다. 정확히 말하자면 버틴다기보다는 버렸다는 게 맞는 표현일 것 같다. 아무 일 없었다는 듯이 돌아갈 것이라는 기대에 대한 체념과 이렇게 사는 것도 내 운명이라는 순응 사이에서 나는 줄곧 사는 법을 터득하고자 애썼다.

처음엔 어떻게 하면 잘 살 수 있을까에 대한 고민이 컸다. 돈으로 망했으니 돈으로 흥하자는 생각이었다. 흡사 '이에는 이, 눈에는 눈'이라는 전략이었다. 하지만 팔자에도 없는 '잘 산다'는 카드가 내게 쉽게 허락될 리 없었다. 하루에 두 시간 쪽잠을 자가면서 신문 배달을 하고 개당 4원짜리 스티커를 붙이는 부업을 해가며 아등바등 살았다. 교회도 열심히 다니고 봉사활동도 해가며 착하게 살았다. 이만하면 하늘이 감동해서 금도끼라도 하다못해 은도끼라도 주시지 않을까 기대했지만 딱 땀 흘린 만큼이었지 절대 더하거나 덜하지도 않았다. 세상도 인생도 지독히도 계산적이었다.

그 후로는 어떻게 하면 제대로 살 수 있을까에 대해 고민하기 시작했다. 제대로 사는 기준은 있는 걸까? 율곡 이이가 말하는 인생의 3대 불행(초년의 성공, 중년의 상처, 노년의 빈곤) 중의 초년의 성공을 완벽하게 비켜갔으니 어쩌면 난 누구보다 제대로 살고 있는지도 모를 일이다.

누군가에게 "어떻게 살아야 할까요?"라는 말을 하면 돌아오는 답은 잘 하고 있다는 대답뿐이었다. 답하기 싫거나 아니면 자신들도 어떻게 살아야 할지 몰라서일 것이라는 생각이 들었다. 이럴 때일수록 '어른'의 부재가 참 크게 느껴진다. 좁은 인간관계 속에서 마땅한 답을 들을 수 없다보니 자연스럽게 책이라는 통로를 찾게 됐다. 수많은 지식인들이 말하는 삶이란 무엇이고 어떻게 살아야 제대로 사는 삶인가를 엿보면서 나의 내적 갈증을 해소하고자 부단히 노력했다. 책이란 것도 처음엔 많이 읽어야 좋은 건가 싶어 무작정 읽어대기도 했다. 일주일에 한 권을 목표삼아 3년을 이어오기도 했다. 책이 쌓여갈수록 머릿속이 정리되는 것 같았지만 꼭 그것들이 내 삶의 정답이 되리라는 보장은 없어보였다. 그들의 말에 공감하고 귀 기울이면서 충분한 마음의 위안과 용기를 얻었지만 실천하지 않으니 몽상가가 되어가는 느낌이었다. 인생을 제대로 살아가기 위한 정답을 찾아 돌아다녔지만 아이러니 하게도 인생이란 살다보니 살아지는 것이었지 정답이 있는 것은 아니었다. 예상은 늘 대부분 빗나간다는 경험적인 측면에서 터득한 말이다. 경험은 치러야할 대가가 가장 큰 것 중의 하나지만 가장 남는 게 많은 것이기도 하다. 사람마다 제대로 산다는 기준은 각기 다르겠지만 적어도 다음에서 말하는 8가지 방법은 모두가 공감할 만한 이야기라고 생각된다.

제대로 사는 것. 모두 행복하게 살기 위한 과정이다. 그렇기에 결과보다 과정을 소중히 여겨야 하는 것도 맞을 법 하다.

어쩌다 어른

찬바람은 스치기만 해도 진저리를 치곤 하지만 더위는 한여름이라도 무덤덤한 편이다. 그런데 올해는 등줄기에 땀이 마를 날이 없다. 체력만큼은 자신 있다고 믿었는데 자만하지 말아야 하는 것이 건강이라는 말이 꼭 나를 두고 하는 소리 같았다. 유난히 덥던 7월 마지막 주. 다행이도 내일이면 휴가라는 생각에 몸이 한결 가볍다. 이러한 삶의 마디는 언제나 멈춤이 아니라 호흡을 가다듬는 구간이다.

일상의 피로함에 물린 아내와 난 쉴 수만 있다면 어디든 좋았다. 특별히 세운 계획도 없이 그저 아내는 삼시세끼만 차리지 않으면 충분했고, 난 조용한 곳에서 단절된 삶을 맛보는 것이면 충분했다. 서로의 필요충분조건을 충족시켜줄 곳은 딱 한 군데뿐이었다. 휴가는 가기 전날이 가장 설레고 좋다. 하지만 떠난다는 기대감으로부터의 출발도 아이들의 칭얼거림과 만나면 한순간에 물거품이 되기 일쑤다. 아이들이 잠드는 저녁 느지막이 출발하는 것이 가장 평화롭게 떠나는 방법이다.

"엄마, 우리 출발해."

아내는 그렇게 한마디를 남기고 계획대로 출발했다며 곤히 잠들어 있는 아이들을 바라보며 흡족해한다. 아내는 평소 즐겨듣는 노래를 틀어 흥얼거린다. 이 순간만큼은 무엇 하나 부러울 것이 없었다. 자정이 다 돼서야 도착한 네 식구는 둔감해진 몸을 이끌고 잠을 청한다. 얼마나 잤을까. 잠자리가 바뀌어서 그런지 아니면 출근이 아니라는 생각에 마음이 편해져서인지 눈이 저절로 떠진다. 시계는 새벽 다섯 시를 가리킨다. 애쓰지 않아도 몸의 동력이 가동됨을 느낀다. 온몸의 신경을 깨우려 있는 힘껏 기지개를 편다. 그런데 어찌된 영문인지 등에서 수습될 수 없는 아픔이 밀려온다. 조금 뻐근해서 그럴 거라며 합리화 해가며 연신 등 근육을 풀어본다. 그런데 아픔의 정도가 심상치가 않다. 내려오자마자 이게 무슨 일인가 싶으면서도, 장인어른께는 일도 좀 도와드리겠다며 말씀드려놨는데 체면이 안 서게 생겼다. 어떻게든 참아보리라 다짐하며 등에 파스를 붙이고 동네 마을회관에 있는 안마의자에 앉아 몸을 실컷 두드려보기도 했지만 별로 나아지질 않는다. 진통제까지 먹으며 할 수 있는 건 다해봤지만 고개를 돌리려면 몸 전체를 돌려야할 정도로 몸은 딱딱하게 굳어갔다. 결국 아내의 손에 이끌려 동네 한의원을 찾았다.

뻣뻣하게 움직이는 나를 본 의사 선생님은 단번에 무슨 일인지 알아차리신 모양이었다.

"어디가 불편하셔서 오셨어요?"
"등에 담이 걸린 것 같습니다."

너그러워 보이는 인상의 의사 선생님은 자리에 앉아 고개를 돌려보라고 한다. 팔을 들어보고 몇 가지 동작을 지시한 후엔 누워보라고 한다. 동작 하나하나에 신음소리가 따라 나온다. 몇 군데를 눌러보는데 소리만 간신히 새어나올 뿐 전혀 저항할 수가 없다. 나를 일으켜 세운 뒤 선생님께서 모니터 쪽으로 이끈다. 모니터에는 피부속 근육을 보여주는 영상이 확대되어 있었다.

"아휴, 근육이 엄청 뭉쳤네요. 고생 좀 하셨겠네요."
"제가 혼자 풀어 보려고 했는데 잘 안되네요."
"아픈 데가 등인 줄 알았죠? 등이 아니라 목이에요."

원인이 등이 아니라 목이었다니. 뭉친 등 근육을 풀려고 갖은 노력을 했던 것은 그저 아픈 부위만 달래는 꼴이었다. 본질은 현상 너머에 있었는데 눈에 보이는 것에만 치중했더니 아무것도 나아지지 않았다.

의사 선생님은 이름 모를 근육들을 가리키며 등 근육과 연결된 목의 근육이 약해져서 그렇다는 원인을 곁들여 요목 조목 설명해

주셨다.

"등이 아프다고 해서 등만 치료해봤자 전혀 낫질 않아요. 본질을 찾아야죠. 제가 또 그 본질을 찾는 기술자입니다."

넉살 좋은 의사 선생님은 본인 입으로 자기 칭찬을 늘어놓는다. 환자에게 믿고 안심하라는 뜻에서 하는 말이었을 것이다. 의사 선생님은 그 본질을 찾으려면 현상을 다스려야 한다고 한다. 어려운 말처럼 들렸다.

커튼으로 가려진 칸막이 칸에 들어가 윗도리를 벗고 엎드렸다. 곧 의사 선생님이 들어오시더니 침을 놓으신다. 침을 몇 개 놓는다고 알려주기라도 한다면 예상이라도 할 텐데 끝도 없이 찌른다. 찔릴 때마다 근육이 움찔한다. 스무 개가 넘는 뾰족한 것들이 내 혈에 침투하자 조금의 미동도 할 수 없다.

"이게 하루아침에 아프고 그런 게 아니에요. 하루하루만 보면 아픈 줄 몰라요. 평소에 조금씩 쌓여서 한 번에 터지는 거니깐 평소에 건강관리 잘 하셔야 되요."

"결혼은 하셨어요?"

"네."

엎드린 탓에 반쯤 막힌 목구멍 사이로 새듯이 대답한다.

"애들도 있고요?"

"네, 둘이요."

"그래요? 암튼 아빠들은 함부로 아프면 안돼요. 사십대에 건강하게 살려면 삼십대에 관리 잘하셔야 되요."

아프고 싶어서 아픈 사람이 어디 있을까. 어쩌면 삼십대인 내가 믿는 구석이라곤 그나마 이십대 때 규칙적으로 운동을 해왔다는 것이었다. 그마저도 바닥을 보인 것이 사십대가 되면 더 자주 병원신세를 져야할 것만 같았다.

그러고 보면 건강뿐만이 아니라 성공과 실패, 그리고 기쁨과 슬픔도 하루아침에 일어나는 일은 없어보였다. 자고 일어나보니 대박을 이뤘다는 말도 꾸준함에서 비롯된 풍요로움이었을 것이다. 한때 좀 잘나간다며 으스대던 사람들도 한순간에 꼬꾸라지는 사례가 얼마나 많던가. 그러니 만족이라는 사치보다는 겸손이라는 삶의 자세가 필요했다. 그러나 사치는 둘째치고라도 눈에 보이는 현상만 쫓기에도 바쁜 것이 삶이었다. 멀리 보라는 말은 오늘만 사는 내게는 어울리지 않는 말처럼 들리기도 했고, 미래를 예측한다는 것도 허무맹랑한 말처럼 여겨지기도 했다. 하지만 그 안에서도 잃지 말아야 할 것이 있었다. 하루에 먹는 삼시세끼가 모여 내일의 에너지가 되고 하루를 성심껏 사는 날들이 모여 나의 미래가 된다는 것을 말이다.

'어쩌다 어른'이라는 말이 있다. 하지만 어쩌다 된 것은 없을지도 모른다. 어쩌다 그렇게 될 것이라면 적어도 억울하지는 않게 살아야 하지 않을까.

그래서. 지금

밥벌이

　홀로서기를 위한 걸음마를 떼기 전까지 집 밖을 벗어나 본적 없던 난 새로운 환경에서의 첫 발을 내딛기 위해 가장 먼저 해야 할 일은 같이 밥 먹을 사람을 찾으러 다니는 것이었다. 그러기 위해선 내 삶의 반경과 가장 밀접하게 연관되어 있어야 했다. 예를 들어 같은 고향 출신이거나, 같은 일을 한다거나, 또는 같은 전공이거나, 같은 취미를 가졌다는 등 가능한 많은 부분에서 교집합이 커질수록 함께 밥을 먹는 벗이 될 가능성도 커졌다. 밥은 그렇게 본능에 충실해야 했던 내게 연결의 의미이자 사회생활의 초석이었다.

　이젠 제법 홀로서기에 익숙해져 갈만큼이 됐음에도 어머니는 늘 걱정이라며 하루가 멀다 하고 전화를 주셨다

"아들, 밥은 챙겨 먹고 다니지?"
"설마 굶고 다니기야 하려고요."
"일한다고 끼니 거르지 말고, 그리고 너무 무리하지 말고 살아."
"그럴게요. 너무 걱정 마세요."

그로부터 십 수 년이 지난 오늘도 어머니는 '밥은 먹고 다니냐'라는 말로 인사를 대신하셨다. 우리 가족에게 있어서 밥이란 아버지의 자리는 항상 비워둔 채 머리를 맞대야 했던 네 식구의 처지를 의연하게 이어주는 힘이었다. 또한 너희들이 나가서 밥벌이하기 전까진 내가 너희를 책임지고야 말겠다는 어머니의 굳은 결의가 서린 차진 모성애이기도 했다. 그렇게 자식들 셋은 밥상머리 앞에 머리를 맞대고 때론 웃기도 때론 혼나기도 하면서 서로를 연결해왔다.

그때까지만 해도 밥이란 먹어도 그만 안 먹어도 그만이었고 오늘을 움직이기 위한 최소한의 에너지를 축적하기 위한 수단에 불과할 뿐이라고 여겼다. 밥이란 그저 손에서 입으로 그리고 목구멍을 타고 소화기관을 거쳐 배설이라는 단순 반복 행위를 거치는 인간의 기본적이 생리적 욕구일 뿐 그 이상도 이하도 아니었다. 하지만 그때는 몰랐다. 지겹도록 반복되는 당연한 행위 뒤에 누군가의 용광로 같은 삶이 곁들여져 있음을 말이다. 나이만큼이나 생각하는 것도 어렸다.

그렇게 하대하던 끼니의 목적이 누군가의 입을 책임져야 한다는 그것도 네 개씩이나 책임져야 한다는 막중한 임무로써 삶의 전면에 나서는 순간 비로소 깨닫게 됐다. 어머니의 '밥은 먹고 다니냐'의 의미가 단순히 한 끼 때우는 데에 그치지 않는다는 것을 말이다. 그 깨달음을 얻은 순간 누군가의 품 안에서 빌어먹던 밥을 이제는 내 손으로 벌어먹어야 한다는 용광로 같은 삶을 이어 받게 된 것이다.

결국 난 숨이 멈출 때까지 멈출 수 없는 단순 반복 행위를 위해 살아야했고 그 행위를 위한 도구와 그 도구들이 부딪혀가며 찔러댈 무언가와 특히 그 무언가를 들어 올리며 미소 지을 세 개의 입을 위해 뜨거운 호흡을 멈출 수가 없었다. 흔들리지도 말아야 했다.

그 밥벌이를 위해서는 나는 일을 해야 했다. 마치 어미새처럼 말이다. 보통 어미새는 잡은 먹이를 삼켜 놓고 둥지에서 기다리는 아기새들에게 그 속을 토해낸다. 토해낼 것이 많은 날은 어미의 울음소리도 명랑할 것이었고 그 울음을 들은 아기새들은 기대감에 입을 찢듯이 벌린다. 하지만 늘 뱃속에 먹이가 가득하지만은 않았을 것이다. 천적에게 쫓길 수도 있고 무슨 연유인지 몰라도 먹잇감이 없어 속상해 하는 날도 있었을 것이다. 그렇게 둥지에 돌아가기가 머쓱한 날에도 그 울음소리만큼은 변함없어야 한다는 것을 어미새는 본능적으로 알았을 것이다. 그게 어미새에게 주어진 용광로 같은 삶일 테니 말이다. 그런 날은 속에 있는 것을 온전히 끄집어 내야했을 것이다. 더 꺼낼 것이 없어 눈물이 주르륵 흘러도 하루 종일 어미새만 기다리던 아기새들은 먹이인지 어미의 창자인지도 모른 채 입을 벌리고 받아먹었을 것이고 어쩌면 그 모습을 보는 것만으로도 어미새에겐 축복이었을 것이다. 설령 그것이 고되고 고역일지라도 말이다.

그 밥벌이는 둥지 안에서 날 기다리는 이들에게 가장 원초적인 욕구를 충족시켜 줄 수 있는 최고의 안전장치였다. 흔히 일하는 곳을 전쟁터라고 일컫는다. 하루의 절반 이상은 일하는 데에 쏟으니 삶을 전투라고 해도 틀린 말은 아닐 것이다. 그리고 그 전투에서 질 때 밥그릇을 뺏긴다는 말로 표현한다. 그 원초적인 욕구에 나의 사명을 오롯이 투영시켜야 했을 때 다른 건 뺏길지언정 밥그릇만큼은 절대 뺏길 수 없다며 투쟁하듯 살았다. 살기 위해 먹는다고 생각했는데 먹기 위해 사는 것이 운명처럼 다가왔다.

하지만 생각이 달라지고, 처지가 달라졌다고 해서 초라하게 여길 필요는 없었다. 밥벌이는 삶을 진지하게 대하고 바르게 살아야 함을 가르쳐줬고 관찰자의 시점에서 바라보던 삶을 일인칭의 시점으로 시선을 돌릴 수 있게 만들어줬기 때문이다. 빨리 성공할 수 있다는 달콤하고 솔깃한 방법들도 요행이 섞이면 통하지 않았고, 설령 운이 통했더라도 절대 오래가지 못했다. 남이 보기에 좋은 일이라도 나의 그릇에서부터 출발하지 않으면 시간 낭비일 뿐이었다. 오직 정성들여 흘린 땀으로만 열매를 맺을 수 있다는 것이 진실임을 오감으로 확인한 순간 서투를지라도 허투루 살 것은 아니라는 것을 알게 됐다. 그렇기에 일을 마주할 땐 아주 진지하게 대해야 하고 소중하게 여겨야 했다.

얼마나 많은 땀을 흘리고 눈물을 쏟아야 할지는 미지수다. 그러나 일을 할 수 있는 남은 시간은 대략적으로나마 계산이 가능하다. 백세 시대에서 살고 있는 우리에게 많으면 많고, 적으면 적다고 할 수 있는 기간일 것이다. 아직은 아득하기만 한 그 날까지 거친 호흡을 멈출 수 없다면 난 나의 삶을 갈 것이다.

먼 훗날 '진실 되게 살았더니 그래도 살만 하더라.'라는 말을 할 수 있지 않을까?

미니멀 라이프

[미니멀 라이프]

절제를 통해 일상생활에 꼭 필요한 적은 물건으로도 만족과 행복을 추구하며 살아가는 방식. 인생에서 정말 소중하고 본질적인 것에 집중하여 자기 본연의 모습을 찾아가는 데에서 행복을 찾을 수 있다는 깨달음이 미니멀 라이프의 근간.

"여보, 이걸 왜 버려?"

"낡기도 하고 애들 어렸을 때 가지고 놀던 거라 이제 필요 없어."

아이 방에서 아내는 장난감이며 철지난 옷들을 모으기 시작했다.

"그래도 언제 쓸지 모르는데 그냥 놔두지."

별로 많지도 않은 장난감인데다 한 번쯤은 아이들이 찾을지도 모른다는 생각에 말을 해봤지만 아내는 미동도 없었다. 그렇게 채워져야 할 곳은 비워지고 비워야할 곳은 채워지고 있었다.

아내는 무슨 영문인지 몰라 하는 내게 짐이나 들으라는 말로 답했다. 그런 나도 한 짐을 꺼내들어 방을 빠져나왔다. 듣자하니 얼마 전 아내는 '미니멀 라이프'라는 인터넷 카페를 가입했다고 한다. 그리고 카페 활동을 하는 많은 사람들이 저마다의 방식으로 삶의 무게들을 줄여나가는 걸 보게 됐고 자기도 동참해야겠다는 결심이 섰다고 한다.

내 눈엔 버릴게 없어 보였지만 아내는 자기만의 기준을 잣대삼아 무언가를 하나씩 줄여나가고 있었다. 한 눈에 봐도 멋들어져 보이는 연애시절 입고 신었던 옷들과 신발들이 그 기준을 통과하지 못했고, 벽에 걸린 액자와 거실의 장식들도 아내의 기준을 벗어나지 못했다. 그것들을 버리면서 무슨 생각을 했을까? 대학에서 음악을 전공하고 대학원까지 나와 잘 먹고 잘 살고 있던 여자가 한 남자에게 엮여 인생이 엎질러졌다는 생각을 하고 있지는 않을까. 바라보는 아내의 뒷모습에 물음표가 채워질수록 이러다 나도 비워지는 건 아닐까 내심 걱정이 됐다.

"버릴 것도 없고만 자꾸 뭘 버린대?"

아내는 집착하는 태도를 버린 거라고 말한다. 가지고 있어봐야 쓰지도 않을 뿐더러 자리만 차지해 눈에 거슬린다며 꼭 필요한 것만 놓고 살 거라는 선포까지 한다. 하지만 여느 여자들처럼 꾸미기 좋아하고 옷과 화장품을 좋아하던 아내가 쉽게 내릴 수 있는 결정은 아니었다. 모름지기 자신에게 허락되고 주어진 삶에 적응하기 위해 내린 나름의 선택이었을 것이다. 혹은 채우지 못할 바에는 비우며 살겠다는 소리 없는 저항일지도 모른다. 그것이 아내에겐 '미니멀 라이프'라는 프레임에 끼워 맞춘 가장 합리적인 대안일 테니 말이다.

거실에 소파와 티비만이 남았다. 안방의 침대도 빠졌다. 거실의 소파도 처음엔 없앴다가 맨바닥에 앉아있자니 허리가 아파 결국 지인이 버린다는 걸 하나 얻어 왔다.

집이 휑하다. 아내는 심플하니 좋다고 한다. 아이들도 오히려 뛰어 놀 공간이 생겼다며 좋아한다. 채우기 급급했던 나도 다시 보니 또 그러하다. 아내가 어떠한 의도로 시작을 했는지는 모를 일이지만 집안에 영향을 미친 건 분명했다.

온전하지 못한 삶을 부정하는 대신 완전하지 못한 삶에 대한 순응은 채우지 못함에 대한 회의감으로 사는 대신 비움으로 인해 소유를 초월했다. 사물의 공간적 여유는 마음의 공간도 넓혀주었다. 갖고 싶은 것을 채우려 욕심을 부리던 삶을 이루진 못했다. 뭐 상관없다. 대신 불필요한 것들과의 결별을 선택했으니 말이다. 없이 사는 게 아닌 필요한 것과 사는 것. 소소하지만 확실한 행복의 첫 단추가 아닐까 한다.

행복할 권리

주말 오후. 아스파트길 양 옆으로 코스모스가 줄지어 반긴다. 바람에 의해 자유를 허락받은 꽃들이 형형색색의 자태를 뽐내가며 그리듬 속에서 탐스럽게 넘실거린다. 입추가 지난지 한참인데 지열로 아지랑이 피는 것을 보니 여름의 기운이 가시려면 아직 한참은 더 기다려야 할 것만 같았다. 산자락을 사이에 두고 넓게 펼쳐진 호수의 수면에 햇살이 형식 없이 부서져 떠오르니 몸보다 마음이 더 시원하다. 한강을 거쳐 남한강으로 이어지는 줄기를 이어받은 호수는 공원이 물안개 공원이라는 이름으로 불리어지는데 필히 한 몫 했을 것이다. 이렇게 주변경치가 좋다보니 자전거를 즐기러 온 사람들로 늘 북적거린다. 자전거가 없는 사람도 걱정 없다. 가을 햇살을 즐기기엔 걷는 것만큼 좋은 게 없으니 말이다.

공원 한쪽에서는 자전거를 대여해준다. 2인승 자전거부터 온 가족이 탈 수 있는 자전거까지 다양하다. 잘 관리된 공원도로, 어느 곳에서 사진을 찍어도 액자에 담을 수 있을 법한 풍경은 자전거를 타기 위한 최적의 조건을 갖추고 있는 셈이다. 덕분에 이곳을 찾는 사람들에게 자전거와 관련된 이야기 하나쯤은 남겨주곤 한다.

  가족용 자전거 한 대를 빌려 코스모스 길을 따라 가니 곱게 차려입은 한 여성을 앞에 두고 페달을 밟는 남자가 보인다. 아무래도 근사한 데이트를 하러 온 모양이다. 아내와 함께 연애시절을 떠올려 본다. 감상에 젖은 아내에게 저 남자 곧 말수가 적어질 것이라 얘기해주니 나도 그랬었냐며 웃는다. 그 옆으로 왜 안 굴리냐며 서로 티격태격하는 커플들도 보인다. 저만치 4인용 자전거에서 땀에 전 머리칼을 흩날리며 함께한 가족들의 여유를 책임지려는 중년의 아저씨가 보인다. 그 모습에서 나를 발견하니 괜히 동지애가 생긴다. 페달을 맡았다는 이유로 피로감에서 해방될 수 없었지만 나름의 목적을 달성하기 위한 행복한 페달을 굴리고 있었다. 달리다 멈추면 기울어지는 것이 인생이라 믿었기에 늘 넘어질듯 불안하게 달려왔지만 지금 느끼는 피로감은 어제까지의 피로감과는 사뭇 달랐다.

  "남자가 다리 힘이 그거 밖에 없어?"

  낑낑대는 나를 향해 아내가 핀잔을 준다. 못마땅하다는 듯이 눈을 흘겨보지만 주변을 살펴보니 꼭 나만 그러건 아니었다. 여기저기에서 '아이고' 소리가 들린다. 산 고개를 오를 때 숨이 깔딱 깔딱 넘어간다고 해서 붙여진 '깔딱 고개'처럼 이곳도 '아이고 고개'라고 이름 지어도 전혀 어색하지 않을 것 같았다. 중간에 멈춰선 자전거들을 핑계 삼아 잠시 다리를 주무르고 허리를 펴본다. 힘들어도 버티며 사는 것을 당연하게 살아왔지만 오늘만큼은 힘들다고 투정을 부려도, 잠시 멈추고 헉헉 거려도 웃음이 절로 나오는 것이 '괜찮아, 사람 사는 게 다 이런 거 아니겠어? 오늘 즐거우면 됐어, 짐이 무거우면 좀 쉬었다 가도 돼 '라고 말해주는 것 같았다. 거친 숨소리 사이로 아내와 아이들의 웃음소리가 들렸다. 멈추면 비로소 보인다는 말이 이런 뜻일까. 숙제하듯 살아온 삶에 쉼표 하나 들어오니 끊어진 삶의 조각들마저 연결되는 듯 했다.

온전치 못한 삶이지만 언젠간 완전한 행복을 찾을 수 있으리라는 절실함이 있었다. 그 절실함은 성공만 할 수 있다면 청춘 따위야 기꺼이 감수하리라는 각오로 이어져 성실함에 무게를 더해 주었다. 헐값의 젊음을 내주고 값비싼 성공을 보장 받을 수 있다면 나에겐 땀내 쩌는 뉘앙스의 노동이란 이름도 위장된 즐거움이었다. 단연코 'YOLO(You Only Live Once)'라는 개념은 내게 사치에 불과했다.

하지만 아무리 바삐 움직여도 삶은 민첩하지 못했고 단호하게 움직여도 종종걸음에 지나지 않았다. 종종걸음으로 아무리 달려봐야 성큼 내딛는 큰 걸음 하나에 못 미치는 세상이었지만 그 걸음을 멈출 순 없었다. 걸음을 멈추면 삶의 밸런스도 기울어질 것이 뻔했다. 의식하지 않으려 해도 삶은 늘 부담으로 다가왔기에 인생은 늘 자전거 페달을 밟는 것과 같았다. 멈추면 넘어질 것이 분명했다. 그러나 공교롭게도 페달링을 바삐 할수록 삶은 자꾸만 뒷걸음질 치는 것 같았다.

　자전거를 타본 사람들은 다 안다. 페달을 멈추었을 때 자전거는 잠시 속도가 줄어들 뿐이지 멈추지 않는다는 것을 말이다. 심지어 페달을 뒤로 굴려도 자전거는 앞으로 나간다는 것을 말이다. 그러니 나아가는 방향만 정확하다면 페달을 멈추고서라도 달려온 흔적을 보면서 고개를 끄덕여줘도 된다. 페달을 뒤로 감으며 휘파람을 불어도 좋다. 멈추기 전에 다리는 저절로 페달을 감을 것이고, 행여나 멈춘다 해도 다시 박차고 달리면 그만이다. 한 번씩 오르막길을 만나면 엉덩이를 들고 페달을 밟아주면 된다. 어쩌면 우리는 이미 우리 인생의 숙련가일지도 모른다. 멈추고 나아갈 줄 아는 삶. 마땅한 행복을 즐길 우리의 권리이지 않을까.

나를 알아가는 일

행복하게 해주겠다며 삼십년간 금지옥엽 키운 딸을 데려왔는데 넉 달 만에 전 재산을 날리고 법원에 섰다. 그로부터 한 달 뒤 아내는 급작스럽게 터진 양수를 수건으로 막은 채 한 시간 거리의 병원을 홀로 찾았다. 아직 한 달이나 더 남은 출산예정일은 하루아침에 오늘로 통보됐다. 이게 무슨 날벼락인가 싶어 한걸음에 달려온 장모님. 곁에서 지켜보는 내내 손수건으로 눈물을 찍어내신다. 몇 시간의 산고를 참다 결국 수술을 해야 한다는 담당 의사선생님의 말에 짧은 탄식만이 새어 나온다. 당신의 딸과 꼭 닮은 첫 손주를 뒤엉킨 감정으로 품에 안은 장인어른. 아마 그때부터였을 것이다. 낯선 기분으로 살아가는 것에 더 익숙해져야 한다는 것을. 기뻐하지도 못하고 어쩔 줄도 모르는 나를 바라보시는 장인어른도 이 상황이 분명 낯설었을 것이다. 입을 떼다가 머뭇거리시기를 몇 차례. 짐작하기 어려운 그 마음을 "인생의 비싼 수업료로 생각하게."라는 말씀으로 대신하셨다. 차갑게 날선 공기에 감정은 더욱 시렸다. 만약 시련이 사람을 성장시킨다는 공식이 있다면 분명 한 뼘은 더 자랐어야할 판이다. 그러나 삶은 듣고, 생각하고, 배우는 대로 되지는 않았다.

약 십년의 세월이 흐르는 동안 어제와 오늘 그리고 내일은 하나같이 낯설었다. '낯설다'의 의미는 분명 익숙하지 않다는 뜻임에도 불구하고 나의 매일은 너무나도 닮았다. 꿈꾸던 삶과 현재와의 낯섦, 어제와 달라지지 않은 고통의 익숙함은 역설적이게도 공존될 수밖에 없었다. 이 둘을 떨어뜨리기 위해서 난 치열함을 선택했다. 하지만 그 치열함에서 파생된 행위들마저 철저하게 저항 당하자 삶을 향한 애절한 호소도 점점 그 힘을 잃어갔다. 내 삶이 완전히 뒤틀렸다는 생각을 해본 적이 있는가? 굳이 표현하자면 무능력과 무기력이 나를 지배하기 시작하고 '나'라는 존재가 이 우주에서 사라지게 되는 느낌을 받게 된다. 내 자신을 바라보는 내가 점점 낯설어질 때 그렇게 나는 나를 잃어가게 됐다.

나를 잃어간다는 것은 지금까지 나를 버티게 했던 감정들이 변질되면서부터 시작된다. 나를 지속하게 만들 수 있었던 힘은 어떠한 자극에도 끝까지 해보자라는 열망이었다. 열망은 내 상식에서의 유일한 처방전이었다. 하지만 그 순수함은 쉽사리 욕망으로 타락되기도 했다. 삶은 참 단순하다. 삶이 열정과 도전이란 옷을 입을 때는 하염없이 순수해 보이다가도 욕망과 집착으로 치장될 때는 불순하기 짝이 없다. 욕망과 집착은 인생의 먹구름을 불러온다. 작은 것 하나 손해 보기 싫은 마음. 숨 쉬는 공기마저 뺏기기 싫은 마음. 누구의 말도 듣지 않고 들리지도 않았다. 정신없이 달려갔지만 실상은 후퇴하고 있었다. 먹구름은 비를 내리기 전에 사라지지 않는다. 한바탕 소나기를 맞고서야 정신을 차려보니 남은 건 비난과 허무함 그리고 '나'라는 버리고 싶은 껍데기뿐이었다. 공허함이 밀려왔다. 껍데기에 스며든 그 공허함은 소리 없이 맴돌기만 했다.

그러기를 며칠째, 하늘을 올려다보니 키 큰 구름들이 저들만의 길을 따라 줄지어 흐르는 것이 보였다. 유난히 높고 파란 하늘. 문득 하늘은 원래 파랗다는 생각이 든다. 늘 그 자리에 있는 하늘에 태양과 달이, 별과 구름이 채워주는 것이다. 파란 하늘에 가끔 먹구름들이 몰려와 비를 내려주면 적당한 때에 맞춰 태양이 말려주기도 하고, 너무 덥다 싶으면 계절이 서서히 바뀐다. 하늘이 하는 일은 그저 맞이해주는 것뿐이다. 아름드리 뻗어있는 나무도 마찬가지다. 나무도 늘 그 자리에 서있다. 그저 묵묵히 서 있을 뿐이었다. 그렇게 그 나무에서 겨울이 가고 봄이 찾아오는 것이다. 나무 역시 하는 일은 맞이해주는 것뿐이었다.

어쩌면 나도 항상 그 자리였으리라는 생각을 해본다. 기쁨 한 스푼과 슬픔 두 스푼이 나를 살게 했을 것이다. 감당하지 못할 상황을 억지로 담아내려다 모두 엎지른 지난날, 나를 알지 못한 상태에서 벌어진 일을 수습하려고만 했던 지난날. 혹독하기만 했던 이 모든 게 내 안에서 온다는 믿음을 갖게 되기까진 꽤 오랜 시간과 큰 비용이 들었다. 인생의 비싼 수업료란 나를 알아가야 한다는 길고도 점수 따기 힘든 학기를 위해 지불한 것이었다. 이제 희망 한 스푼 더 채우고 욕망 보다는 열망을 채우면 될 것 같았다.

그러고 보면 진정한 배움이란 나를 알아가는 것부터의 출발인 것이다. 그리고 나를 안다는 것은 곧 나를 인정하는 것의 시작일 것이다. 과거와 현재를 잇는 사이사이에 놓인 삶의 조각들을 모아 가며 부족하면 채우고 넘치면 흘러 보내기를 수차례 반복하다 하나의 유기체로 만들어 내 놓은 것이 바로 내일을 살아가는 우리의 모습은 아닐까.

지금 우리는 그 무엇보다 우월한 삶의 매뉴얼을 경험을 통해 만들어내고 있을 것이 분명하다. 그리고 활용하자. 우리는 깨달음과 더불어 실천하기 위해 존재한다. 슬픔도, 기쁨도, 깨달음도 모두 활용할 수 있을 때 분명 성숙해진 나를 발견할 수 있을 것이다.

브라보 마이 라이프

"Bravo Bravo my life 나의 인생아
지금껏 달려온 너의 용기를 위해,
Bravo Bravo my life 나의 인생아
찬란한 우리의 미래를 위해"

하루의 끝자락에 서면 종일 팽팽했던 긴장의 끈도 서서히 느슨해지고 있음을 느낀다. 긴 숨 한 모금을 들이마신 뒤 한 때 유행했던 노랫말을 섞어 뱉어내는 것이 매일 밤 11시를 넘기는 퇴근길을 달래주는 유일한 즐거움이다. 이대로는 성에 차질 않아 달리는 차창 밖으로 목청껏 불러본다. 들어줄 이는 따라오는 달그림자뿐이니 누군가의 눈치를 살필 필요도 없다. 마주하는 차 한 대 없는 한적한 도로에 들러붙는 기분은 외로움과 고독함과는 달랐다. 난 유일한 존재라는 생각, 잠시나마 삶의 이유를 되짚게 만드는 신성한 의미로 다가오는 시간이다. 그럴 때면 없던 기운도 솟아난다. 스며든 호기로움이 꿈틀대기 시작하면 전력질주라도 하려는 듯 다리에 힘을 싣

게 된다. 오르막을 넘는 동안 엔진에선 꿍음이 난다. 분명 엔진소리
는 시속 180km로 착각할 만큼 육중한데 계기판은 60km를 겨우
넘기고 있다. 내가 이름 붙인 '희망 터널'을 지날 때면 늘 숨을 멈춘
다. 터널을 지날 때 숨을 멈추고 끝까지 통과하면 소원을 이루어준
다던 학창시절 친구의 말을 아직도 기억하고 있던 탓이었다. 그땐
어의가 없다는 듯 쳇 소리와 함께 웃어넘겼었는데 지금은 그 말도
아쉽다.

곧 집에 도착한다. 이 시간이면 치열한 하루를 보낸 아내와 아이
들이 잠에 들어 있다. 오늘도 두 녀석은 톰과 제리처럼 쫓고 쫓기며
엄마를 힘들게 했을 것이다. 큰소리와 협박이 수차례 오간 뒤에야
일방적 휴전에 들어갔을 것이고 그렇게 한참을 실랑이 하다 아내는
방전되어 쓰러지고, 두 녀석은 충전하듯 빛을 내며 잠을 자고 있을
것이다. 한 방에서 셋이 포개어진 채 자고 있는 모습이 매일 그립다.
늘 저 너머에는 뭐가 있을까 궁금하게 만드는 달그림자를 옆에
나란히 하다 등지게 될 즈음이 되면 가로등과 편의점만이 빛을 내
는 동네에 다다르게 된다. 오늘은 웬일인지 집에 불이 켜져 있다.
일부러 기다리고 있는 걸까 서둘러 걸음을 재촉한다. 그런데 문 앞
에 서자 반가운 기분과는 다른 미간을 찌푸리게 만드는 냄새가 파
고든다.

"이게 무슨 냄새야?"

온 집안을 뒤엎은 퀴퀴한 냄새에 코가 찔리고 비위가 상한다. 라이터를 켜면 금방이라도 불이 붙을 것 같은 강한 휘발유 비린내가 구석구석을 헤집어 놓은 것이 숨쉬기도 불편하다. 아내는 그 안에서 가장 냄새가 덜 풍길 것 같은 그나마 통풍이 원활한 한 쪽 구석에 앉아 무언가에 집중하고 있다. 왔냐는 소리도 없다.

십 여분 정도가 지나자 이마를 주름지게 만드는 냄새도 적당히 익숙해졌다, 숨쉬기가 한결 나아졌다.

"그게 뭐야?"

아내는 밥상을 펴고 앉아 무언가를 연신 붙이고 있었는데 자세히 살펴보니 요즘 유행하는 마스크팩 상자에 스티커를 붙이고 있는 중이었다.

"아, 잘 안되네."

뭐하냐는 질문에 아내는 딴소리다. 한 박스를 테이핑 하고 나서야 고개를 돌린다. 콧구멍에는 휴지 두 개가 꽂혀있다. 아내도 이 냄새가 익숙하지 않았을 것이다. 아내는 그제야 왔냐며 반긴다.

"여보, 왔어?"
"응, 이게 다 뭐야?"
"이거 부업이야."

"부업?"

"게시판에 부업 모집한다고 붙어 있어서 한 번 시작해봤어."

아무렇지 않다는 듯 정확히는 할 만 하다는 듯이 아내는 답변했다. 얼마 전 일층 게시판을 유심히 본다는 생각을 했는데 다 이것 때문이었나 보다.

"얼마야?"

힘들진 않냐는 말은 못할지언정 매너 없이 얼마냐는 말이 먼저 나와 버렸다. 아내는 한 개에 사 원이라고 했다. 사 원. 사십 원도 아니고 사 원이었다. 생활 속에서 원단위 계산을 해야 되는 건 주유소 말고는 없을 줄 알았다. 헛웃음이 났다. 한 박스에 사백 오십 개가 들어 있으니 한 박스에 천 팔백 원이다. 열 박스를 해도 만 팔천 원이었다. 처음에 고민하긴 했는데 조금만 숙달되면 시간당 네 박스는 우습게 한다는 말을 듣고 시작했다는데 하는 걸 보니 한 박스 하는데도 삼십 분은 족히 걸려보였다. 한 눈에 봐도 초보 티가 확 나는 구부정한 자세로 손으로 잡기도 힘든 조그만 스티커를 하나하나 붙이고 있었다. 허리를 펴면 금방이라도 두둑 소리가 날 것만 같아 보였다. 옷도 갈아입지 못하고 주변만 어슬렁거리는 내가 신경이 쓰였는지 아내는 괜한 소리를 한다.

"여보!"

"왜?"

"걱정 마, 나만 믿어! 내가 이거 해서 맛있는 거 사줄게."

어디선가 본 듯한 장면이었다. 아마 아들 녀석이 용돈을 모아 학교 앞 문구점에서 파는 과자 한 움큼을 사와 먹으라며 내밀던 모습에서였던 것 같다. 계산할 수 없는 젖은 감정이 밀려왔다. 세상에는 아무것도 아닌 것을 격상시켜주는 것이 있다. 그건 돈도 권력도 스펙도 아니었다. 한 사람의 사천팔백 원짜리의 믿음이면 충분했다. 혈관의 피가 뜨거워지는 것이 느껴지면서 얼굴이 후끈 달아올랐다.

"안 힘들어?"

이제야 매너 있는 질문을 했다.

"이거 하니깐 시간도 빨리 가고 좋아."

'그래, 차라리 시간이 빨리 지났으면 좋겠다. 시간이 빨리 간다면 이 힘듦도 서둘러 지나겠지.'

한때는 이럴 줄 알았으면 혼자 살걸 그랬다는 생각까지 했다. 다분히 가족들에게 미안한 마음 때문이기도 했지만 어깨에 짊어진 짐의 무게가 점점 버거워지자 그만 놓아버리고 싶었던 마음도 한몫했었다. '차라리 혼자였더라면 나만 힘들면 될 것을.'이라는 가정이 늘 떠나질 않았다.

'내가 뭐라고 여러 사람 힘들게 만들지?' 이런 생각에서 번지는 감정들은 정서적으로나 정신적으로나 고통스러웠다.

아내는 내가 혼자 짊어지려 하는 모습을 지켜보기가 안쓰러웠다고 한다. 그래서 자기도 뭐라도 할까 생각하다 궁여지책으로 시작했다며 씩씩하게 말한다. 하지만 난 알고 있다. 아직 지워지지 않은 아내의 눈가의 눈물자국이 무엇을 의미하는 건지. 사실 아내는 음대에서 클라리넷을 전공하고 교육대학원을 졸업한 뒤 연주를 하고 강의를 다니면서 꽤 왕성한 활동을 해왔었다. 말 그대로 남부러울 것 없이 살던 아내였다. 그런데 결혼을 하고 육아를 하다 보니 삶에 치어 세월만 흘러 보내며 살게 됐다. 가끔 전해 듣는 친구들의 소식에 아내는 어떤 마음이었을까. 아내는 지금 하나에 사 원짜리 스티커를 붙이는 자신을 보면서 홀로 설움을 감내해야 했고 눈물로써 울분을 토해내야만 했을 것이다.

"같이할까?"

아무렇지 않은 척 하는 아내와 알면서도 모르는 척 해야 하는 나 사이에 남은 박스들이 가지런히 널려있다. 아내의 눈에선 체념과 단념 그 어떤 것도 보이지 않는다. 그저 현실에 충실한 삶을 살아가는 것이 최고의 미덕임을 보여줄 뿐이었다.

"어때? 나 잘하지?"

아내에게 자랑하듯 묻는다. 아내는 그럼 누가 더 빠른지 시합 한 번 하자며 부추긴다. 다행히 둘이 하니 혼자보단 나았다. 오랜만에 아내와 이런저런 이야기도 해본다.

"끝!"

전쟁 같은 시간이 지났다. 시간은 벌써 새벽 세시를 가리킨다. 힘들기만 하고 수지도 안 맞는 기분이라 손해 보는 느낌마저 든다. 하지만 뭐 어떠랴, 인생이란 싸워가며 쌓아가는 것임을 배웠으니 꼭 손해는 아닐 것이다. 스티커 하나에 희망을 붙이고 스티커 하나에 서로를 향한 마음을 붙이면 됐다. 언젠가 브라보를 외칠 그 날을 기대하며 오늘을 쌓아갈 것이다. 지친 하루. 하루를 쪼개고 쪼개어 사는 우리네 삶. 차라리 혼자라면이 아니라 함께여서 더 나아갈 수 있었음을 반드시 증명해 내리라.

아내의 일기장

"어쩜 하늘이 이렇게 예쁠까?"

원근을 무시한 것 같은 팔월의 짙은 하늘은 영화 맘마미아의 한 장면이라 해도 손색이 없을 정도였다. 이런 하늘은 잠깐만 보고 있어도 시간이 멈추는 느낌을 받는다. 시간과 공간을 초월한 듯 그리고 바다인지 하늘인지 분간이 잘 안 되는 하늘엔 늘 뛰던 헬기도 걷고 있었다. 가보진 못했지만 오늘만큼은 영화 속 그리스의 배경도 부럽지 않았다.

아내는 나무 그늘 아래의 벤치에 앉더니 상자하나를 내밀었다. 발랄한 색을 띈 물방울무늬의 상자가 아내와 잘 어울렸다.

"이게 뭔 줄 알아?"
"뭔데?"
"보여줄까?"

어차피 보여줄 거면서 괜히 뜸을 들인다. 무언가 부끄럽다는 듯이 내민 상자를 조심스레 열어보니 그 안에는 아내의 어릴 적 모습이 담긴 사진 몇 장과 '국민학교'라고 적힌 낡은 노트 두 권이 있었다.

　"이거 엄마가 집에서 찾았다고 보내주셨어."

　어릴 적 사진 정도는 나도 많이 있었지만 그때 쓰던 노트가 아직 남아있다는 것이 신기할 따름이었다. 깜깜한 창고에서 삼십년 가까운 세월을 묵혀 있다 이제야 세상 빛을 보게 된 그것들을 우리는 고고학적 가치가 충분한 진품처럼 조심히 다루었다.

　노트엔 아홉 살배기 소녀가 쓴 그림일기가 담겨있었다. 아내는 가장 순수했던 시절이었다며 있는 그대로를 내게 보여줬다. 아내에게서 사진 속 아홉 살 소녀의 모습이 겹쳐보였다. 정확히 이십팔 년 전에 입었던 옷과 머리모양은 어린 여자아이 특유의 생동감으로 그려져 있었다. 일기 속엔 아빠가 운영하시던 방앗간 앞에서 참새를 쫓아다니던 날의 하루, 엄마랑 시장에 다녀왔던 날의 하루들이 활자와 그림으로 나도 그땐 그랬었겠지라는 생각을 떠올리게 만들었다. 아내는 아마 학교 숙제로 어쩔 수 없이 썼을 거라며 이런 일이 있었는지도 가물가물하다고 했다. 어릴 땐 너무도 쓰기 싫었던 숙제. 선생님께 혼날까봐 의무감에 썼을 그 숙제가 지금은 과거를 잊고 살았던 한 사람의 기억을 온전히 꺼내주고 있었다.

우리의 삶도 그렇지 않을까. 의무감에 별 수 없이 했던 것들도 어쩌면 하지 않음보다는 나았을 것이다. 개학 이틀 전 아직 방학숙제를 끝내지 못해 큰누나에겐 만들기를 작은누나에겐 그리기를 대신해달라며 졸라댔고 밀린 일기를 쓸 거라며 엄마에게 한 달 전 날씨를 물어보다 잔소리만 실컷 들었던 그때. 그렇게라도 난 나의 의무를 이행하려고 했다.

스물한 살 구월의 어느 날. 든든하게 먹고 가라며 밥에다 반찬을 올려주시던 어머니 앞에서 난생처음 거수경례를 하던 그날 어머니는 말없이 눈물을 닦고 계셨다. 밤 열시가 되어 나팔소리에 이끌리듯 잠을 청하려하자 늘 타고 다니던 기차소리에 기분이 울적해졌던 그날. 그렇게 난 나의 의무를 이행할 것을 다짐했다.

십대와 이십대를 거쳐 이제 삼십대 후반을 바라보는 지금. 인간이기에 짊어질 숙명이라는 명목아래 하기 싫었지만, 어쩔 수 없었지만 그럼에도 불구하고 나는 해왔다. 완벽하지도 않고, 중도에 때려치우고도 싶었고, 때론 "에라 모르겠다."라며 포기할 때도 있었다. 그러나 그러는 와중에 녹아들었던 하루하루는 내게 입체적인 삶을 선사했다.

학교, 직장, 가정에서 우리는 다양한 역할에서 의무를 다하고 있다. 그리고 그 의무감이 오늘의 나를 만들었으리라. 삶은 다 그러한가보다. 그리고 좀 못하면 어떠냐. 좋았다면 추억이고 나빴다면 다 경험인 것을.

물음표 인생

"핫도그 먹고 싶다."

"핫도그? 좋아. 가자!"

"어디로?"

"양평, 두물머리. 거기 핫도그 유명하잖아."

"무슨 핫도그 먹으러 거기까지 가?"

"괜찮아, 얼마 안 걸릴 거야."

가끔 이런 상상을 해본다. 초밥이 먹고 싶을 때 무작정 일본으로 날아간다거나, 샤브샤브를 먹으러 몽골에 간다거나, 파스타를 먹으러 이탈리아에 가는 그런 상상 말이다. 그에 비하면 차로 한 시간 남짓이면 갈 수 있는 핫도그를 먹으러 가는 것은 매우 현실적이고 분수에 맞는 처사였다. 아내는 어의가 없다는 듯 웃음을 짓지만 싫지 않은 표정이다. 달궈진 차안에 몸을 실으니 혀가 저절로 내밀어진다. 서둘러 차에 시동을 켜고 네비게이션에 두물머리라고 검색하니 정확히 35킬로미터가 나온다. 햇볕을 머금은 채 유유히 흐르는 강

위로 별들이 반짝인다. 대부분의 사람들은 출근한 평일 오전에 만끽하는 여유롭고 평화로운 시간, 한산한 도로를 달리니 핫도그 생각은 이미 사라진지 오래다. 가끔씩은 오후에 출근하는 직업을 택한 것도 꽤 잘한 일이라는 생각이 들 때가 있다.

"생각보다 오래 걸리네?"

초행길은 아니었지만 처음과 다를 바 없는 길을 별을 세고 걸음을 세듯이 달린 탓에 예상한 시간보다 조금 늦게 도착했다. 두물머리란 남한강과 북한강의 두 물줄기가 합쳐지는 곳이라 하여 이름 지어진 곳이란다. 청개구리 한 마리가 뛰어 오르는 커다란 잎사귀를 따라가다 보니 핫도그집이 보였다. 연잎이 들어갔다는 핫도그는 꽤 두툼한 것이 보기에도 먹음직스러웠다. 핫도그 하나씩을 들고 나무 그늘 아래 한자리를 차지하니 인생사진 하나쯤은 거뜬히 나올 만한 곳이 여기저기 보였다. 왜 여자들이 분위기 좋은 카페만 찾아다니는지 알 것도 같았다. 그렇게 합리적인 사치를 즐기는 동안 태양은 정수리 위로 솟구쳐 올랐다. 별 의미 없는 시시콜콜한 이야기마저 고급스럽게 나누며 맘에 드는 곳 몇 군데를 눈에 담은 뒤 자리에서 일어났다. 집에 가는 길은 올 때보다 훨씬 빠른 느낌이었다.

"올 때는 빠르네?"

아내는 기분 탓인지 갈 때 보다 훨씬 빨리 도착할 것 같다고 한다.

"원래 갈 때 보다 돌아올 때가 빠른 법이야. 아마 왔던 길이라 익숙해져서 그렇게 느껴졌을 걸? 거리는 차이 없어."

"그래? 어쨌든 오늘도 추억 하나 남겼다."

그렇게 우리는 만기가 없는 추억이라는 계좌에 인생을 채워가고 있었다.

살아온 기억과 경험들의 자취를 추억이라고 한다면 그 추억의 흔적은 '어떻게 살아야 할까?'라는 한 줄의 물음표로 남았다. 보통 한 개인의 삶의 연대기는 그 연대에 맞는 사건과 환경에 따라 이동하지만 난 '무엇을 하고 살까?'에서 '어떻게 살아야 할까?'로의 물음의 이동이었다. 학창시절 '대학은 잘 갈 수 있을까?', 졸업 즈음엔 '직장은 구할 수나 있을까?'의 물음이 인생의 가장 큰 화두였다. 그리고 당연하다는 듯 그에 대한 해답을 찾기 위해 부단히 애써가며 치열한 경쟁구도 속으로 날 내던졌다. '치열'과 '경쟁'이라는 단어에서 불러오는 추상성은 날 항상 비현실적이고 애매모호한 삶으로 인도했다. 장학금을 받기 위해선 밤늦게 기숙사에서 인생을 논하던 친구를 빈 여백에 논리적으로 이겨야 했고, 인사고과를 받기 위해선 처자식 먹여 살리기 힘들다는 푸념을 들어주면서도 늘 힘내자던 한솥밥을 먹던 동지와 밥그릇 싸움을 해야만 했다. 축하를 받기도 축하를 해주기도 애매한 상황은 가끔 구역질이 날 정도였다.

누구를 이겨야만 끝이 나는 승부는 사람이 목적이 아닌 생존이 목적이 됐을 때 비로소 막을 내리는 듯 보였다. 경쟁상대를 떠올리며 의욕을 불태우기엔 현실을 살아가기에도 벅찼기 때문이다. 현실을 산다는 것은 삶과 가장 강하게 맞선다는 것을 의미했다. 경쟁상대는 아무런 의미가 없었다. 어쩌면 경쟁상대는 존재하지 않았을지도 모른다. 오히려 세상 사람들 모두는 나보다 '앞선자'였기에 살아가기 위한 방법을 터득하기 위해선 그들의 훈수가 필요했다.

누구는 나더러 빨리 가야 한다고 했다. 그래서 속성으로 살아가는 방법을 배우려 기를 써보기도 했다. '하루 만에 수익 내는 투자', '가장 빨리 부자 되는 법'등 현란한 미끼에 현혹돼 연신 입질을 해 봤지만 난 그저 낚시꾼의 먹이일 뿐이었다. 상처를 입는 것에 비해 상처가 아무는 것은 훨씬 더뎠고 상처의 흔적은 희미해지긴 해도 지워지진 않았다. 또 다른 누군가는 나더러 쉬엄쉬엄 가라고 했고 어느 누군가는 지금 고생하면 언젠간 웃을 날이 올 거라고 말한다. 누군가는 무엇을 하라고 했고, 누군가는 어떻게 살라고 말해줬다. 이제야 분수를 알았을까? 아이의 눈으로 봐도 통할 삶이 내가 살아야 할 길임을 알았으니 말이다.

하루는 직장 동료가 내게 이런 말을 했다. 고단해 보이는 삶에 대한 격려 섞인 말이었다.

"일은 힘들지 않으세요? 다른 일 해도 잘할 것 같은데 왜 이 일 하세요?"

"그러게요. 그런데 뭘 해도 잘 할 거라면 무슨 일 하는 건 중요하지 않아요. 어떻게 사느냐가 더 중요한 일이죠."

아직 어떻게 살아야 하는지, 이렇게 사는 게 맞는지는 장담할 수가 없다. 하지만 나의 눈과 마음 머무는 그 곳. 생각이 오래 머무른 자리에서 내가 완성되지 않을까? 나를 기다리는 다음 질문은 무엇일까? 지금 이 계단을 넘어보면 알 수 있지 않을까?

짙은 밤공기를 따라 집으로 향하는 일이 이젠 혼잣말하는 버릇처럼 익숙하다. 주차장에서 바라본 아파트 베란다에 반사된 불빛은 듬성듬성 버티고 서있는 나무들의 불침번 같다. 정수리 위로 곱게 솟은 달은 엊그제만 해도 초승달인 것 같더니 벌써 보름달이 돼있다.

"시.간.참.빠.르.다."

늘 각질처럼 달라붙어 있는 생각을 현관 비밀번호 6자리에 담아 슥슥 긁어본다.

'띠리리'

아이들이 깰까봐 조심스레 문을 열다가 "아빠 왔어?"라며 품안에 안길 토끼 두 마리를 상상하니 들어보라는 듯 짓궂게 문을 닫는다. 오늘을 살게 한 몇 겹의 허물에서 빠져나와 검은색 소파에 쓰러지

듯 몸을 포갠다. 어둡고 적막한 분위기는 늘 익숙하면서도 거부감
이 든다. 습관처럼 TV를 켜고 수십 개의 채널을 의미 없이 기웃거
리다 하염없이 울고 있는 남자와 마주쳤다. 손에 쥐고 있는 리모콘
을 머리맡에 내려놓았다.

그는 식당을 운영하는 남자였다. 계산기로 두드려본 핑크빛 손익
분기점에 영혼까지 끌어 모아 시작한 장사란다. 그러나 잿빛 현실
에 두들겨 맞기까진 오래 걸리지 않았다. 오늘이 마지막 장사라며
영업과 폐업을 준비하는 부부의 모습 뒤로 남편은 애써 눈물을 삼
키고 있다. 소리 내어 울면 좋으련만 남은 자존심이 그것만은 허락
하지 않아 보인다. 남자는 캄캄한 터널을 빠져나가기 위한 발버둥
을 칠거라 말하면서도 내일이면 사장에서 빚쟁이로 전락할 것이라
는 암울한 현실 앞에 마주하자 끝내 말을 잇지 못했다. 지하 100층
으로 떨어지는 마음. 그도 나와 같을 것이라는 생각에 깊은 탄식만
이 새어 나왔다.

수년전 지하 100층에 떨어진 기분이 들었을 때, 결혼식을 올리고
도 신혼집에 들어가지 못하는 처지가 되었을 때, 그저 혼자 가슴을

움켜잡고 소리 죽여 울었을 때 가장 절실했던 건 누군가의 위로의 한마디였다. 가족들의 시선과 주위의 시선이 두려워 아무 말도 못하고 있을 때 더욱 힘들었던 것은 아무도 들어주는 사람이 없다는 것이었다. 그 날 이후 난 혼잣말을 주고받는 게 버릇이 되었다.

하지만 나에겐 지켜야할 가족이 있었다. 아무리 쥐어짜도 희망 한 방울 나오지 않을 것 같던 삭막한 삶에서 내가 선택할 수 있는 유일한 것은 앞으로 나아가는 것뿐이었다. 혼자의 힘으로 안 된다면 누군가에게 손을 내밀어야 했지만 난 그렇지 못했다. 알량한 자존심이었을까. 돌이켜 보면 그건 자존심의 문제로 삼을만한 게 아니었는데 말이다. 세상의 모든 아픔은 혼자 가지고 있을 것이라는 생각은 나만 그런 게 아니라는 위로를 받은 후에야 주먹을 움켜쥘 수 있었다.

아이러니하게도 세상에 유일한 것은 그리 많지 않았다. 무에서 유를 창조하는 시대는 지났다는 말처럼 나만 겪었을 것 같던 아픔도 이미 누군가는 겪어본 일이었고 나보다 더 아파본 사람도 훨씬 많았다. 곪아서 도려내야 하는 상처도 다독여주고 보듬어줄 수만 있다면 세상은 숨 쉴 만 했다. 그러니 어둠속에 갇혀있지 말고 당당히 걸어 나와야 한다. 나의 이야기를 들어줄 곳은 분명 존재한다.

성경의 "내일 일을 위하여 염려하지 말라. 내일 일은 내일이 염려할 것이요 한 날의 괴로움은 그날로 족하니라."라는 말씀처럼 보이지 않는 먼 훗날이 아닌 지금을 위해 살아간다는 생각은 평범함을 비범함으로 만들었다.

당연한 일상이 특별하게 느껴지는 순간 삶은 허구가 아님을 알게 됐고 삶을 대하는 자세는 점점 단단해졌다. 유난히 길게 느껴졌던 지난날도, 아직 겪어야 할 일과 해결해야 할 일들이 끝도 없을 것만 같은 내일들도 모두 나의 삶임을 인정하자 비로소 앞으로 나아갈 수 있었다. 아무리 빨아도 지워지지 않을 것 같던 흰색 와이셔츠에 묻은 검정색 잉크도 시간이 지나면 희미해지듯 아픔도 지울 순 없지만 희미해지고 있었다.

내게도 아직 넘지 못한 산이 여러 개다. 하루에도 몇 번씩 시험을 당하고 있다는 생각에 좌절하고 싶은 마음이 날카롭게 서있다. 하지만 분명한 것은 주저앉으면 더 이상 나아지지 않는다는 것이었다.

'만약 상황을 바꾸지 못한다면 내 마음가짐을 변화시켜보면 어떨까?'

이런 나의 의식의 변화는 '왜 하필 나에게만 이런 일이 일어난 걸까?'라는 생각을 '대체 얼마나 잘 되려고 이러는 걸까?'로, '난 실패한 놈이야.'라는 생각을 '신이 지금 내게 큰일을 주시려고 시험하고 있다'라는 생각으로 전환시켰다.

지하 100층은 마음속에 존재하는 세상이다. 그러니 그곳에서 빠져 나올 수 있는 방법도 마음속에 존재한다. 부디 우리 자신을 귀하게 여기고 오늘을 위해 살아간다는 다짐으로 끝까지 포기하지 않는다면 분명 인생의 변곡점에 도달하게 될 것이라 믿는다.

삶은 그렇게 살아지는 것이다.